新版［図解］

問題解決入門

佐藤允一

問題の見つけ方と
手の打ち方

ダイヤモンド社

はしがき

拙著『図解問題解決入門』は初版（一九八七年）以来、御蔭様でロングセラーをつづけ、一六年間に二九刷を重ねました。このたび三〇刷は、新版として全面見直しすることにしました。

現代はお手本のない時代と言われるように、過去に経験のない問題が毎日のようにふりかかってきています。見方を変えると、今日ほど問題解決能力が求められる時代はないと言えるでしょう。しかも問題解決能力は、問題が起きてからではなく、問題を先取りして、問題の発生を未然に防ぐために必要な能力でもあります。

このきわめて日常的な問題解決という行為も、やり方は千差万別で、各人各様です。

「理論どおりにいかない」

と言って悩む人もいれば、

「おれにはおれのやり方がある」

と言って、自己流を通す頑固者もいます。

そして、ときどき誰もが「これでいいのだろうか」と言って、自分の問題解決の仕方に疑問を感じます。

「もっと合理的なアプローチがあるのではないか」

「もっと良い結論の出る方法があるのではないか」

「何か重要なことを見落としているのではないか」

本書は、こうした疑問に答えるために書かれました。

個人にせよ、組織にせよ、問題解決力ほど大切なものはありません。目標、方針、戦略、戦術、機会、危険など、日常的に使われる言葉の多くは、問題解決に関連しています。

ところが、この問題解決力というのは、学歴や学識とは、必ずしも比例しません。なぜならば、問題解決力というのは、知識というよりも、知恵だからです。「事実を知る」ということと、「事実を扱う」ことには、大きな隔たりがあるのです。単なる知識人にとどまるかぎり、人を動かし、組織を動かし、社会を動かすのは不可能です。

学歴が将来を保証する時代は、もはや過去のものとなりました。目標達成を可能にする思考力と行動力のみが、あなたの将来を保証する時代がやってきたといえるでしょう。

リーダーとして最も大事な説得力や決断力は、どこから出るのでしょうか。

単なるアイデアや思いつきでは、人を説得できません。また、確とした見通しを持たずに決断せよと言っても無理です。

解決すべき問題の構造を論理的に解明し、可能なかぎり、幅広く対策を考えて、これ以上の解決策が見つからないというときに、初めて、勇気ある説得と決断が生まれるのではないでしょうか。

知恵者になるには、「頭の使い方」を学ぶ必要があります。

どうか、本書によって、問題解決思考の方法を身につけ、知恵者の仲間入りを果たしてほしいものです。

平成一五年一一月

佐藤允一

目次

5 解決策を考える

新版［図解］問題解決入門

◆問題の見つけ方と手の打ち方

本来は達成できることと、現在あなた方が行っていることの間の大きなギャップを、あなた方が埋めることができますように

——サティア・サイババ
（インドの聖者）

1 問題とは何か

1 見える問題と見えない問題

〝問題が何かわかれば、半分解けたも同然である〟

という西洋の格言のように、問題を見つけることはそれほど簡単ではありません。

〝本人が問題だと思わなければ、その人にとって、問題は存在しないも同然である〟

という諺もあります。これも問題認識のむずかしさを暗示しています。

問題には、目に**見える問題**と目に**見えない問題**があると言ったら、不思議に思う人がいるかもしれません。だが、誰の目にも、明らかに問題と見える現象もあれば、ある人には問題だと見えても、他人にはそう見えない事柄もあるのです。

普遍的な問題の例として犯罪があります。人を殺したり、他人の財産を盗んだりすると、法律に触れ、罰せられます。犯罪行為を問題だと思わない人はいないでしょう。ところが、どっこい確信犯というのがいます。確信犯は「悪いことをしたと思っていない」のだから、問題の認識に欠けているのです。

二一世紀に入って多くの国でテロが頻発するようになりました。テロを行う人にとってはテロは正義であり、彼らはまさに確信犯です。しかし、テロの被害者側にとっては、テロは疑いもなく犯罪であり、問題です。

このように立場によって、場所によって、時代によって、問題のとらえ方が変わります。人間の死についてはどうでしょうか。生には限りがあるから、誰でもいつかは死にます。早いか遅いかの差があるだけです。ところが、畳や病院のベッドの上で息を引き取った場合は、問題とは言いませんが、交通事故で死んだ場合には問題とされます。では、旅先でポックリ逝った場合はどうなるのでしょうか。戦争へ行って弾に当たって死んだ場合はどうなるのでしょうか。

チャップリン(二〇世紀最高の喜劇俳優)は「街の中で人を殺せば犯罪者となるが、戦争で人を殺せば英雄となる」という言葉を残しています。

このように、何が問題かを決めるのは容易ではないのです。問題という言葉ほど、勝手気ままに使われる言葉はほかにありません。

1章では、こうした問題の問題たる性格を考えることにします。

まず初めに、目に**見える問題**について考えてみましょう。

典型的な例は機械の故障です。いつも正確に時を告げていた時計が故障して止まったとしたら、誰でもこれを問題だと認めるでしょう。時計は正しく動いて時刻を知らせるべきものですから、故障して動かなくなったら問題が発生したとみなされます。

このように人間によってつくられた機械や設備などの物理的産物はもちろんのこと、医薬品や食品などの化学的産物、さらには法律や制度などの社会的産物も、本来そのつくられた目的があるのに、それが有効に機能しない場合は、問題があるとされます。

しかし、問題は機械の故障のように目に見えるものばかりとはかぎりません。むしろ、目に見えにくい問題のほうが圧倒的に多いのです。

目に**見えない問題**は当然ながら、問題の所在に気がつきにくく、見落としたり、見過ごしたりする場合が多くなります。ちょうどガン細胞のように、気がついたときは手遅れということも少なくありません。

〝禍福はあざなえる縄のごとし〟という諺は、万事順調にいっている事柄であっても、よく注意して見ると問題の芽がかくれている場合があるということを意味しています。

目に見える問題については、問題が何かを議論する必要などありません。すぐにでも、その問題に対処すればよいのです。しかし、目に見えない問題については、まず問題があるのかないのか、なぜそれが問題なのかを明確にする必要があります。

私たちは自分が見たこと、聞いたことだけで問題の大きさや中身をきめつけてはいないでしょうか。「おれは、これが問題だと思う」と確信をもって主張した事柄が、じつはより大きな問題の一部分にすぎないという例はよくある話です。

このように、**問題を見つける**という試みは、簡単ではないのです。

「事故が起きた」「苦情が発生した」「不良品が出た」などの場合は、あえて問題を見つける必要はありません。問題がすでに提起されているのであり、問題を探すまでもなく、問題が先方からやってきたと言えるからです。

しかしながらこのような場合も、本当は問題が生じてから対策を考えるというのではなく、問題が起こる前に、問題の可能性に気づいて、事前に予防的な手を打つことが重要です。一般に、修復処置よりも、事前対応のほうが、費用や時間などの点で損失が少ないものです。

日ごろ目に見えない問題に対面している私たちは、目先の事実や局部的な事実のみで問題を考え、問題の全体像を見失っている傾向があります。こうした過ちを避けるためには、問題形成において事実の位置づけや事実相互の関係の把握が大事です。さらには、欠落し

1◉問題とは何か

見えない問題もある

ている部分を推測して、事実を補う必要があるのです。

また、**問題が見えない**という言い方をするとき、問題はほぼわかっているのだが、原因がつかめないとか、対策が見つからないという場合もあります。したがって、問題、原因、対策などの概念を明確に規定して使うことも大切です。

世の中には問題に敏感な人がいて、わずかな情報から、たちまち問題を見つけ出し、問題をつくり上げてしまいます。こういう人の頭の中は、たぶん体系的に整理されているにちがいありません。**わかっている事実とわからない事実**をうまく結びつけて、問題形成ができる人といえるでしょう。

問題に対するこうした対応は、少しむずかしく言うと、**問題を構造化する**方法論であると言うことができます。これから、その骨子について述べましょう。

2 問題意識はどこからくるか

「問題意識を持て」とよく言われます。はたして、そう言われて自動的に問題意識が生まれてくるものでしょうか。

「はい！　明日から問題意識を持つようにします」と部下が答えたとして、それを信頼してよいものでしょうか。

そもそも、問題意識とはいったい何でしょうか。前にも述べたように、すでに問題が目の前で起こっている場合は、「問題意識を持て」などと悠長なことは言いません。問題意識の有無を論議するまでもなく、問題が存在するわけですから、それを解決するしかないのです。つまり、目に見える問題については、問題意識という言葉は使いません。目に見えない問題、気がつかない問題についてのみ問題意識と言うのです。ということは、問題意識とは、問題が顕在化する前に問題が生じる可能性を感じとる能力であるといえます。

養生という言葉があります。ふだんから健康に気をつけて養生に努めている人は、わずかな身体の変調を敏感に汲みとって、休息をとったり、医者に相談に行ったりします。だから大病にはかからず長命を全うできるのです。

ところが、日ごろから自分の健康に自信のある人や無頓着な人は養生に努めません。だから突然倒れてあの世行きになったり、病院に行ったときにはもう手遅れだったりします。この場合、養生に努めるとは、健康について問題意識を持つことにほかならないのです。

この例ですでにおわかりでしょうが、問題意識の裏には、つねに**目標意識**があります。問題意識を持つとは、はっきりした目標を持って現状をとらえるということです。目標のない人には、問題意識は生まれてきません。

いろいろ不満を持っているのに、明確に現状を変えようという意識のない人には問題が見えてきません。ましてや、毎日を安穏と「これでいいや」と過ごしている人には問題意識が生まれるはずがありません。言い換えれば、問題意識がないということは、現状に満足しているということです。しかしそれは、〝現状維持は後退なり〟につながっているのです。

だから、部下やまわりの人に問題意識を持たせるためには、自分たちが今どんな方向に進もうとしているのか、**目標は何なのか**をはっきりさせるべきです。はっきりした目標を持つと、それに到達するためには、どんな問題を解決していかなければならないかが自然に見えてきます。

問題意識の要件として二番目に挙げられるのは、**目標を実現したい**という強い欲求ないしは信念です。

「自分の家を持ちたい」という目標を持ったとしましょう。しかし、その目標が、友人が家を買ったから自分も買いたいという程度のものと、自分として、どうしても手に入れたいという強烈な欲求にもとづくものとでは、大きなちがいがあります。他人を意識し、競争して目標を持つのもけっして悪いことではありません。しかし、できれば、自分で納得できる目標を持つことが大切です。

問題意識はどこからくるか

「人並み」という言葉があります。いつも他人と比較してものを見ている人は、しょせん人並み以上にはなれません。現代は個性化の時代とも言われています。真の個性化というのは、自分自身の生き方を発見するということにほかなりません。自らの人生を大切に考える人は、個性的な生き方をせざるをえないのです。このように基本的な生活態度にのっとって目標を設定した場合は、その目標は自分の人生にとってどうしても必要な事柄となるので、目標を達成しようという意欲や信念は本物となるのです。

問題意識の特徴として考えられる三番目は、目標についての**イメージをはっきりさせること**です。「家を建てる」という目標を持った場合、その家はどんな家なのか、家の大きさ、外観、内部の見取り図、周囲の環境などについて明確なイメージを持たなければなりません。

なかなかイメージが湧かないときは、自分の欲しいと思う家のイメージに近いものを雑誌やカタログの写真やイラストの中から探し出して、それらを切り抜き、ファイルブックをつくってみます。それにくり返し目を通していると、そのうち自分の欲しい家のイメージがはっきり固まってきます。

目標のイメージがはっきりしてきて、言葉に出して説明もでき、また絵にも描けるようになると、目標の実現はそう遠くないと言えます。

このように、目標に対していきいきとしたイメージを持つことは、仕事の上でも大切です。目標に関連した情報をできるだけ多く収集し、そしてイメージに合ったものを取捨選択して整理します。そのうちに、次第にイメージが確定し、自分の具体的ターゲットとして固まってきます。

目標のイメージをはっきりさせるという作業は**目標のレベル**をはっきりさせるということにもなります。**どの程度に**実現または達成すればよいのかを、あらかじめ決めておく必要があるということです。

問題意識の条件として四番目に大切なのは、**いつまでに**、という期限です。目標によっては長期間を要するものもあるでしょう。しかし、いずれにしても、期限を設けることは必要です。目標達成の期限が短いほど、解決すべき問題もより困難なものとなりますが、真剣に取り組み、考えればウルトラCクラスの名案も出やすいものです。

問題意識の条件の五番目に挙げられるのは、**解決へのシナリオ**です。明確な問題意識があれば、かなりの程度、目標達成への「段取り」が見えてくるものです。どんなステップ、どんな手順で目標へ到達するかのめどがつけば、大まかなシナリオが描けるようになります。シナリオのことは、ロードマップ（行程表）とか、スケジューリング（日程表）とも呼ばれます。

組織の中で目標達成をはかるには、問題意識の共有が必要となります。個人から発案や問題提起のあった事柄について、組織として目標を明確に設定し、各人のイメージの合成を行って具体的ターゲットを決め、最後に、目標達成までのシナリオを描いてみることが必要です。

3 問題をとらえるものの見方

「学生時代は、与えられた課題に上手に解答することに重きが置かれたが、現代のように〝お手本のない時代〟における会社の仕事というのは、いかに積極的に自ら問題を発見し、解決していくかが勝負だ。それにはたとえば不足、不備、不合理など〝不の字〟のついた言葉を手がかりにすればよい」

ある企業の社長が新入社員に贈った言葉です。

「学生時代は」とありますが、学生に限らず社会人として活躍している人たちにもあてはまる言葉です。長い間、上から課題を与えられ、それを解くことにのみ専念してきて、それに慣れてしまった人たちにとっては、耳の痛い言葉です。こうした習性からは、えてして可もなく不可もないという、新鮮味を欠いた〝模範解答〟しか出てこないものです。

また別の社長はフランスの思想家アランの「ロープウェーで来た人は登山家と同じ太陽を見ることはできない」という言葉を引用して、「自らの意思で仕事をした人は、その過程で困難や危険に遭うが、新しい発見もある」と述べています。

ことほど左様に、組織のトップが社員に期待しているのは、**自ら問題を発見し**、これに挑戦していく姿勢です。

環境が安定している時代にあっては、問題といってもすでに過去に起こった問題のくり返しが多く、解決方法もあらかじめ決まっているものの中から選べば処理できました。しかしながら、今日のように環境変化の激しい時代にあっては、昨日の正解は、もはや今日の正解ではないのです。さらに、今まで経験したこともない新しい状況が次から次へと起きてくると、問題を迅速に見つけ出し、それに対処する能力が強く求められるようになります。

現代を特徴づけて、「不連続の時代」とか、「不確実性の時代」などと呼んでいますが、これは過去の延長として物事を考えることが非常にむずかしくなってきた時代を意味しているのです。したがって、「今まではこうしていたから」という態度は禁物です。現代は「お手本のない時代」なのだから、何が最善かという価値判断は自ら下すしかないと考えるべきでしょう。

コンピュータの普及によって必要な情報も豊富に入手できるようになりました。それだけ便利になったものの、これは同じ情報が誰にでも手に入るということでもあり、けっして自分だけが有利になったわけではありません。肝心なことは、豊富な情報の中からいかに適切な情報を選び出し、いかに独自の判断を下すかです。

情報化社会は、むしろ個人の能力差を浮かび上がらせる時代であって、単純に喜んだり、安心したりしてはいられません。山ほどある情報の中から、積極的に取捨選択をして自分のものにしていく姿勢が大事であるといえます。

では問題意識を持ち、問題をつかまえ、問題を明確にするにはどうしたらよいでしょうか。ここで、私たちが問題を考えるのは、じつは広い意味で情報にもとづいているという基本を知っておく必要があります。1節で述べた目に見える問題は与えられた情報であるし、目に見えない問題は探す情報であるといえるでしょう。

問題を分析するという言葉もよく使われます。すでに問題が確定している場合や、上から課題として与えられている場合には、

「これは、どういう問題なのか、どんな要素から成り立っているのか」

と分析的に考えるのも可能ですが、一般的には、むしろ問題を組み立てる、**問題を形成す**

るという言い方がぴったりします。

多くの情報の中から、ある目標達成に関連のあるものだけを選び出し、それらを関連づけて問題をつくっていくことが重要です。つまり問題が起こるのを待っているのではなく、

「どんな問題がかくれているか」

と探し出してみたり、

「どんな問題を解決しなければならないか」

と積極的に考えてみるのです。

情報には目や耳から入ってくる**直接的な情報**と、文章や数字で表わされる**間接的な情報**があります。自分が直接目で見て確かめている事実というのは意外に少ないもので、通常は、通勤途中で見聞きする事柄や自分の職場で見聞きする事柄が大部分です。それに対して、他人や他所でつくられた間接情報とは、たとえば、上からの指示、下からの報告、他部門からの伝達、業界の資料、政府の発表した統計データ、専門誌や新聞の記事などです。なかには、クチコミという〝情報〟もあります。

これらの情報は、本当に事実を示しているだろうか、情報相互の間には矛盾はないだろうか、作為的な情報は含まれていないだろうか……などを考えると、情報が多い状況を素直に喜んではいられません。本当に必要な情報が入っていない場合もあるからです。

何がわかっていて、何がわからないのか

この認識が大事なのです。

新しい問題は環境の変化から生まれてくる例が多いので、情報の中では**環境変化に関する情報**が最も重要であると言えます。時代の最先端の問題意識を持つために不可欠な情報として、この環境情報を三つに要約してみます。

まず第一は、**国際情勢**に関する情報です。これからの時代は国際感覚なくしては真のエリートたりえません。「世界がわかれば、日本がわかる」のです。国際関係に関するおもな情報は、政治、経済、文化についてのものです。グローバルな目を養って、日本の現状、企業の現状を見つめることで、変化へ適応するための問題意識を持つことができます。したがって海外で編集された雑誌などに目を通す努力も必要になるでしょう。

第二は、**技術革新**に関する情報です。コンピュータ技術をはじめ、新産業素材の開発、バイオテクノロジーなどの分野における進歩はめざましいものがあります。新しい技術や材料の発明によって、従来の製造方法や製品そのものがまったく価値を失ったり、産業構造が大きく変わってしまう、きわめてドラスチックな変化が起こる時代なのです。

第三は、**価値観の変化**に関する情報です。〝新人類〟という言葉に象徴されるように、生活感覚やライフスタイルがどんどん変化してきています。ポストインダストリアル・ソ

一面的にものを見るべからず

サエティと言われて久しくなりますが、今日では実感として受け止められるようになってきました。高度産業社会、高度消費社会の後にくるものに焦点をあて、問題を探してみることです。

価値観の変化をよむには、生活観、職業観、労働観、消費観などの変化に着眼します。モノ離れ、労働組合離れ、社会移動の増大、ボランティア志向、個人主義化など現象面から見るとすでにさまざまな変化の兆候が見られます。こうした変化と自分の属している企業や組織、また自分の職務や職種との関連について考えをめぐらせてみるのも大切です。

本節の最後にものの見方の基本として、たえず注意を払う必要のある事柄を三つ挙げておきましょう。

1　目先にとらわれず、長い目で見る
2　一面だけで見ず、多面的、全面的に見る
3　枝葉末節にこだわらず、本質を見る

これは東洋学における〝思考の三原則〟と言われるものです。

4 目標と現状のギャップが問題

「問題とは何か」と訊ねても、一瞬うまく答えが出てきません。「具合の悪いこと」という答えもあるでしょう。だとすれば、「ぬるま湯にどっぷり浸かって具合がいい」のは問題ではないのでしょうか。

「解決すべきこと」が問題であるというのもよく出る答えですが、これではあまり当然すぎます。だから、「問題解決」というのです。

欧米人が日常会話で〝プロブレム〟と言う場合は、トラブルとほぼ同じ意味に使われています。

「何か問題があるか」と言うときは「トラブル（もめごと）はないか」と聞いているのであり、「ノープロブレム」と言えば、「ノートラブル」と同じ意味になります。日本語でも、問題という言葉は、ふだんはあまり良い意味には使われません。

「あいつは問題だ」という場合は、明らかに相手を非難している言葉と受け取れます。

しかし、試験の問題とか、会議の問題という場合は、けっして否定的なニュアンスではなく、むしろ、建設的な意味合いが強いと言えます。

さらには、解決できないことでも問題という場合があります。「日本に生まれたのが問題だ」と言ってみても、どうにもなりません。

人によって問題という言葉の使い方がこのようにバラバラでは、問題解決についての原理原則がまとまらず、問題の共有ができません。そのため**問題の定義**について統一的解釈が必要になってきます。

そこで、問題を次のように定義してみます。

問題とは目標と現状のギャップである

目標とは、「あるべき姿」「望ましい状態」「期待される結果」であり、**現状とは**「実際の姿」「予想される状態」「予期せぬ結果」ということになります。

もっとわかりやすく表現すれば、目標とは、「どうなればよいか」という展望であり、現状とは、「どうなっているか」という実情です。**ギャップとは**、くいちがい、ズレの意味です。ズレがなければ、「問題がない」のです。あるべき姿が実際の姿と一致していて、目標と現状の間にギャップがない場合です。

大切なのは、目標と現状の次元（単位）をそろえることです。たとえば、目標が長さの単位のメートルで示され、現状が重さの単位のグラムで表わされていると、目標と現状の比較ができません。差し引きできないのでギャップが見つかりません。したがって問題は

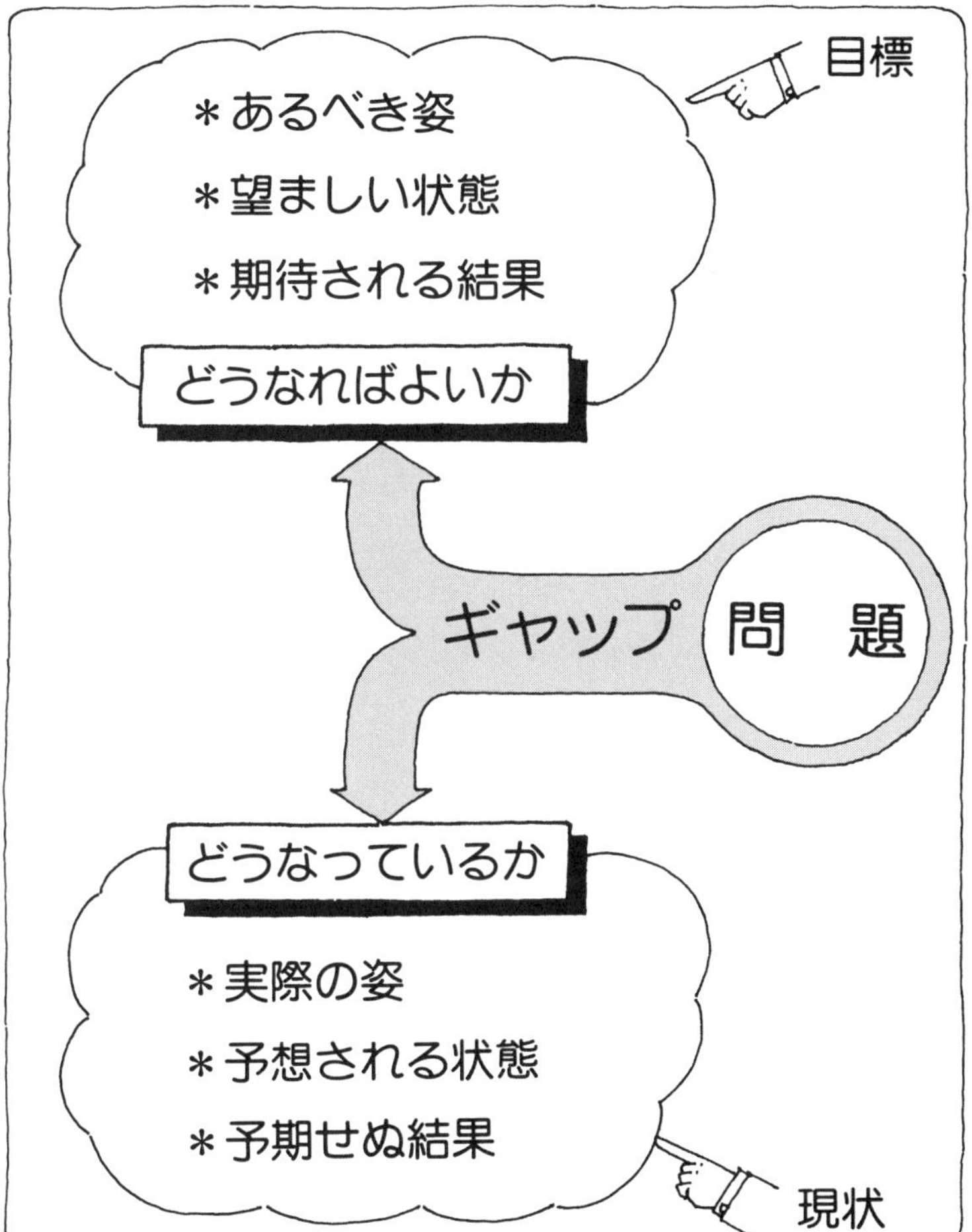
目標
＊あるべき姿
＊望ましい状態
＊期待される結果
どうなればよいか
ギャップ
問　題
どうなっているか
＊実際の姿
＊予想される状態
＊予期せぬ結果
現状

何かはっきりしません。二、三の例を挙げてみましょう。

売上目標一〇〇億円に対して、現状では八〇億円しか達成できないとすれば、その差(ギャップ)は二〇億円ですから、

「問題は売上二〇億円の未達」となります。

また、不良品の歩留りを九八%と設定したにもかかわらず、現実には九〇%どまりであったとすれば、

「歩留り八%のズレが問題」となるのです。

建設工事で予定工期が一二か月であったのに、一三か月かかってしまったとすれば、

「問題は一か月の工期の遅れ」となります。

以上のように、問題そのものは、単純に目標の値と現状の値の差をはっきりさせるだけでよいのです。ところが、これらの例で「問題は何か」との問いに対して、

「販売努力が足りなかったこと」

「品質管理がズサンであったこと」

「長雨が降り続いたこと」

というような答えが意外に多いのです。

これらは問題ではなく、原因を述べているのです。厳密にいえば、**問題**と**問題点**を混同

しているのです（このことは6節で詳しく述べます）。

「販売努力が足りなかったことにより、売上が二〇億円未達になった」のであり、「品質管理がズサンであったことにより、歩留り八％のズレが生じた」のであり、「長雨が降り続いたことにより、工期が一か月延びた」というのが正確な認識です。

「目標と現状のギャップが問題である」として、次に現状を目標へ引き上げることが「問題解決」となるわけですが、解決不能のギャップについてはどう考えたらよいでしょうか。

たとえば、「背が低いのが問題だ」というのは、自分の期待値とのギャップを言っているのですが、このギャップは解決不可能です。あるいはまた、目標と現状のギャップをはっきりと認識していながら、

「しばらく、このままの状態で様子を見よう」

「もっとギャップが大きくなってからでも遅くはない」

「放っておけば自然に解消するだろう」

など、問題を解決しようとする意思のない場合はどうでしょうか。

このように考えてくると、「目標と現状のギャップが問題である」と定義するだけでは不十分であり、これに「解決すべき事柄」という文言を加えたほうがより適切になります。

そこで、

問題とは、目標と現状のギャップであり、解決すべき事柄であると定義し直すことにします。つまり解決不能であったり、解決する意思のない場合には、問題として取り上げる必要はないのです。

目標が数量的にとらえられる場合には、たとえば、売上高、利益、販売台数、不良率、マーケットシェアなど、ギャップも明確に決まります。しかし、数量化できない場合のギャップはどうしたらよいのでしょうか。

数量化できる場合を**定量的目標**と言い、数量化できない場合を**定性的目標**と呼んでいます。定性的目標の例としては、信用度、知名度、満足度、企業イメージ、勤労意欲などがあります。

「会社の信用度を高める」という目標に対して、信用が上がったか下がったかは、どうしてわかるのでしょうか。「信用が上がっていない」のを問題とする場合、その目安は何でしょうか。

銀行には、融資先の企業に対する信用度評価表（格付表）が用意されています。たとえば、Aランクとか、AAランクとかで示されていますが、これは融資限度を示す暗号です。つまり、銀行では的確に信用というものを測定し、「この会社は信用がおけるから、一〇億円までは融資してよろしい」という決定をします。

目標と現状のギャップが問題である

このように、定性的目標といえども、何らかのかたちで評価されなければ、達成できたかどうかの判定はできません。知名度や企業イメージなども、社会調査をくり返して、去年よりは知名度が上がった、昨年より人気が落ちた……などと判断しています。

目標は、何らかの方法や基準によって測定可能でなければなりません。自己満足のように、きわめて主観的なものもあるにはありますが、それすら、自分にとっては、一つの目安になっています。

5 「問題がない」という問題

「わが社には問題がない」という人たちがいたら、少しおかしいと思われても仕方ありません。

〝企業は解決すべき問題の集合体である（マクドノウ）〟という名文句があるように、問題がないのではなく、問題の所在に気がつかないだけだからです。

順調に物事が進んでいるときには、問題がないように見えるものです。また、「順調にいってます」という代わりに「問題はありません」という表現を用いたりします。その半面は〝好事魔多し〟であり、また〝禍福はあざなえる縄のごとし〟であって、問題のタネがいつの間にか芽生えているものです。ということになると、「問題がない」と思っていることが、いちばん問題となってきます。

「何か問題がありそうだが、何が問題かよくわからない」という場合はどうでしょうか。このような人は問題意識のスタート時点に立っていると言えます。4節で述べたように、「問題とは目標と現状のギャップである」ので、問題が何かよくわからないというのは、目標か、現状か、その両方がはっきりしないという状況を意味しています。

「問題がありそうだ」と感じているときというのは、漠然とですが、現状に対して不満を持っているか、あるいは「このままではいけない」という危機感を持っているものです。何か不安を感じさせる材料や兆候が存在していると言ってもよいでしょう。

現状に対して、不満や不安があるという事態は、ある意味では、現状否定の気持ちが働いているということになります。ということは、現状よりももっとちがった状態を期待する気持ちがあるわけです。

2節「問題意識はどこからくるか」でも述べたように、この場合は、「どういう状態になれば良いのか」と自問自答してみます。「望ましい状態」や「あるべき姿」についてのイメージが明確になれば、そうした目標と現状とのギャップも明確になってきます。

問題解決のプロセスは料理をつくる場合とよく似ています。最高の料理は、

1　新鮮な材料
2　正しい料理法
3　料理人のウデ

によってつくられます。「問題が何かわからない」という場合も、こうした三つの要素が絡んでいるといえるでしょう。

「新鮮な材料」に相当するのは、質の良い情報です。問題を組み立てていくためには情報が不可欠であるとは先にも述べました。陳腐な情報や質の悪い情報からは、良い問題形成ができません。したがって、情報が不足しているために「問題が何かわからない」という場合もあるわけです。

次は「正しい料理法」です。質の良い情報に恵まれていても、それらの情報から、上手に問題を組み立てる方法がわからないという人もいるでしょう。

同じ情報に接しても、問題意識のある人は、すぐさま問題の所在に気づいて問題形成に取り組もうとします。問題意識に欠けている人は、重要な情報をあっさりと見落としてしまいます。また、重要な情報だと気がついて、何とか問題形成にチャレンジしてみても、途中でくじけてしまう人もいます。このような人は、問題形成の方法を身につけることです。料理法をまちがえば、せっかくの新鮮な材料もだいなしになるのと似ています。

最後は「料理人のウデ」です。職人やスポーツマンのウデのよしあしは、生来の素質もあるでしょうが、なんといっても練習量が大きくものを言います。問題解決も、多くの問題について練習を積めば、ウデが上がってきます。

ウデの良い料理人は、たとえ材料が悪くても、それなりの味を演出して客を納得させる力を持っています。また、ベテランの勘というのも軽視できません。この魚は、どのように料理すればうまく食べられるか、ひと目見ただけで判断できるのもウデの良い証拠です。問題のパターン認識とよく似ています。

問題解決について慣れている人は、問題を見つけた段階で、これはどんなタイプの問題か、今までのやり方で解決できそうか、新しい解決法が必要か……と**問題のパターン**を判別できます。

以上、料理の仕方になぞらえて、問題の見つけ方、とらえ方について述べました。

「問題がわからない」という場合も、

① 情報が不足していて問題形成ができない場合
② 情報はあるが、問題形成のやり方がわからない場合
③ 経験不足で突っ込みが不足している場合

など、いろいろ考えられるのです。

では、「問題あり」と思いながらも、ずるずると時間が経って最悪の状態になってしまったというケースは、どうでしょう。

問題に気がついていても、それを取り上げる意思がない場合や、決断や意思決定ができない場合は、より高い次元から見れば「問題がない」という認識に含まれるとみなしてもよいのではないでしょうか。

これに少し心理学的な解釈を加えてみましょう。人は誰しも自ら居心地の良い場所から飛び出して、あえて困難にチャレンジしようとはしないものです。変化より安定、対立よりは平和を望みます。あえて、〝火中の栗を拾う〟のは愚かであり、〝出る杭（くい）は打たれる〟と思っています。

だから、問題に気づいていても、そ知らぬふりをしているかもしれないし、問題をはっきりさせるのが恐ろしいと思って、そのまま放置している場合もあります。「何も自分が言い出しっぺになって責任をとらされることはない」と尻込みしているかもしれません。「このままでいいんだ。なにも事を荒だてる必要はない」と自分に言いきかせて、努めて問題を見ないようにしている人もいるでしょう。

こうした傾向は、その人の性格にもよりますが、その人をとり巻く組織風土にもよります。事なかれ主義、日和見主義、ぬるま湯体質の組織や集団の中にどっぷり浸かっている

〝問題がない〟のがもんだいだ！

と、いつのまにか、こうした態度が身についてしまうものです。

実は問題解決で最も厄介なのは、この組織風土といわれるものです。古くて大きい組織ほどこうした体質に陥ち入りやすいといえます。世に「大企業病」と呼ばれているものです。

いずれにせよ、「問題なし」と思っている人が最も問題であることはまちがいありません。最後に中国の諺を一つ。

〝遠き慮り（おもんぱかり）なきときは、必ず近き憂いあり〟

6 問題と問題点は異なる

問題というのは、4節でも述べたように、「目標と現状のギャップであり、解決すべき事柄である」が、実際には、何が問題かで判断に迷いがちです。

「乱暴運転して自動車事故を起こした」というケースについて考えてみましょう。この場合、「乱暴運転」が問題なのか、「事故」が問題なのか。正解はどちらでしょう。

研修会などでこの質問をすると、答えはほぼ半々になります。なかには、どちらも問題であると答えて平然としている人もいます。

よく考えてみますと、「乱暴運転」をしたために「事故」が起きたのですから、「乱暴運転」は「事故」の原因をなしています。しかし、「乱暴運転」はよくないことであるという観念があるから、つい「乱暴運転は問題である」となってしまうのです。

では、乱暴運転は、いつの場合も「よくないこと」と言えるのでしょうか。たとえば広野の誰も通っていない一本道を疾走したからといって、とくに問題がない場合もあるでしょうし、自動車教習所で初心者が乱暴に運転したからといって、誰も問題だとは言わないでしょう。

しかし、「自動車事故」のほうは、いかなる場合も問題となります。なぜならば、それによって価値あるもの、すなわち生命、財産、時間、仕事などが失われるからです。ここで言う「価値あるもの」というのは、私たちが生きていく上で目標としている事柄にほかなりません。だから、「事故」の発生によって、これらの目標と現状との間にギャップが生じたと考えてよいのです。

本節のテーマは、問題と問題点との明確な区別にあります。じつのところ、日常生活において、私たちはこの両者を区別して扱っているわけではありません。なかには、「いくつかの問題があるなかでいちばん重要な問題が問題点である」とまことしやかに説明するむきもあったり、また逆に、

「いくつかある問題点のなかで、最も重要なものが問題となるのである」という意見があったりして、正直よくわからないのです。

これを先の「自動車事故」の例にあてはめて考えてみると、「乱暴運転」は「事故」につながる一つの原因であるのは疑いありません。しかし、「事故」につながる原因は、ほかにもいろいろ考えられます。たとえば、道路に凹凸があったとか、雨が降っていたためにスリップしやすいとかの条件も事故につながる原因と考えられます。

多くの場合、複数の原因があって問題が起こるのですが、これらの事柄は、問題さえ起きなければ、とくだん問題点とはみなされないのです。「乱暴運転」についてはすでに述べましたが、「道路の凹凸」も、「雨降り」もそれだけではどうというものではありません。そうした状態のところへ「乱暴運転」が重なったために「事故」が発生したと考えられるのです。

ところが、自動車事故が起きてしまった以上は、その原因は何かという究明がなされなければなりません。そうすると、このケースでは、「道路の凹凸」と「雨降り」と「乱暴運転」が、事故の発生になんらかの影響を与えている原因と考えることができるわけです。

一般に、問題が起きてしまってから、あるいは、問題が何かはっきりしてから、その原因と考えられるものを**問題点**と呼んでいます。

たいていの場合、問題には複数の原因が絡んでいます。その一つ一つを問題点としてとらえることができますが、冷静に考えてみると、原因であることがわかっても、それがそのまま問題点とならない場合もあります。自動車事故のケースでは、「雨降り」は事故の原因の一つと考えられるものですが、じつは、問題点とはならないのです。その理由を次に説明しましょう。

私たちが「これは問題点である」という表現を用いる場合は「だからなんとかしなければいけない」という気持ちがその裏にかくされていると理解してよいでしょう。問題を解決するということは、その原因をはっきりさせて、それを除去することにほかなりませんが、ときには原因であることがわかっても、取り除くことができない場合があるのです。

自動車事故のケースで考えると、「乱暴運転」と「道路の凹凸」については、これに対して手の打ちようがあります。運転技術を向上させるなり、安全運行に注意を払うなりすれば、乱暴運転は避けられますし、罰則で禁ずることもできるでしょう。他方、道路の凹凸については、自分が直接に手を下すことはできませんが、道路を管理する県庁や市役所などに陳情して、道路の修復をやらせることができます。

しかし、スリップの原因となる「雨降り」だけは、気象庁へ苦情を言って止めてもらうわけにはいきません。手の打ちようがないのです。雨が降ってスリップの恐れがあるからといって運転に注意することはできますが、雨そのものを止めるというわけにはいきません。つまり「雨降り」は事故の一つの原因ではあるが、問題点にはならないのです。

ようやく**問題と問題点**のちがいがはっきりしたと思います。

結果として起こったことが問題であり、問題の原因の中に問題点があるということです。問題点というのは、原因の中で**手の打てるもの**、すなわち、**改善可能なもの**を言うのです。したがって、問題点と改善点とは同じ意味合いになります。

通常は問題一つに対して、問題点は複数存在します。原因であることはわかっていても、手の打ちようのないものは当然ながら問題点のリストからはずさなければなりません。

円高や円安という為替変動は企業の業績に大きな影響を与えます。ときに業績悪化という問題を引き起こす原因にもなりますが、これを問題点とは言いません。それ自体に対しては、一企業としては手の打ちようがないからです。

円高や円安という一企業としては手の打てない原因をいくら声高に主張してみても、実際的ではありません。企業が、そうした条件の下で業績を確保するためには、「国内販売を増やす」「コストダウンを図る」「輸出価格を上げる」「海外生産に切り替える」などの手法が考えられますが、これらは為替変動そのものに対する対策ではありません。

問題解決においては、**問題点の把握**が最も大切です。いろいろ考えられる原因のなかで、

乱暴運転が問題か、事故が問題か

「手の打てるもの」と「手の打てないもの」を判別して、手の打てるものだけを問題点として取り上げ、それに対する対策を考える。この姿勢が実践的な問題解決になるからです。

実は問題点にはさらにもうひとつの要件があります。それは**手を打つ必要があるか**どうかです。手を打つことができても、手を打つ必要がなければやはり問題点にはなりません。

たとえば、新しい勤務地が自宅から遠くなり、疲労が激しいという問題をかかえた人が、最寄駅から三つ後戻りして始発駅から乗車し、座って通勤する方法を見つけ出したため、仕事場の近くへ転居せずに済んだというような場合です。

自宅が勤務地より遠いという状況は、疲労という問題の原因であり、転居すれば原因はなくなります。手が打てる原因、すなわち問題点になりえます。ところが、そうする必要がなくなったのですから、問題点にはならないのです。

このように問題点というのは原因の中で手の打てるもので、かつ手を打つ必要のあるものを言います。

この二つの要件を合わせて、**手を打つべき原因**といいます。

原因とは考えられるが、問題点にはならないという例を挙げて、さらに理解を深めてもらいましょう。

〈例1〉 公害規制に関する新しい法律ができて、従来の設備での生産ができなくなり、設備の更新が必要となった。それにより、今期の利益が低下した。

このケースでは、法律の存在が利益低下という問題の原因をなしていますが、法律のことは問題点とは言いません。

〈例2〉 ある外国に直接投資をして石油コンビナートを建設している途中で、その国に政変が起こり、契約の当事者（政府）が変わってしまい、プロジェクトが挫折してしまった。

プロジェクトの挫折という問題の原因は明らかに外国における政変ですが、これも問題点とは言いません。

〈例1〉も〈例2〉も原因は何かはっきりわかっていても、一企業としては手の打ちようがないことだから、問題点として取り上げ、論議してみてもあまり意味がないのです。ただし、こうした問題に対しても、たとえば政府の助成金とか、海外投資保険など問題発生後の損失を補填する方法がないわけではありません。

2 問題を見つける

1 問題解決の当事者は誰か

「問題？　それは誰の問題だ！」

前章では、問題があっても、解決する意思がなければ問題にならないと述べました。したがって、**問題の当事者**は誰かということは問題解決において最も基本的な要件です。

人によって、立場によって問題のとらえ方も変わってきます。一般社員、一般職員の見る目と、管理者や経営者の見る目はおのずからちがいます。同じ会社の人間でも、職務上の立場が異なるゆえに、問題意識がおよそ逆になる例もあります。

「価格が高く、製品に競争力がない！　製造コストが高いからだ」

これは製品がうまく売れないときの営業部門の言い分です。

「営業努力が足りないからだ！　売れなければ量産できず、コストダウンもできない」

こちらは、製造部門の言い分です。これでは永久に水掛け論になってしまいます。

資材や製品の在庫について考えてみましょう。

工場生産に要する資材や建築工事に要する資材に不足を生じると、生産や工事に支障をきたします。そのため資材置場を近くにつくって資材を豊富に確保する必要に迫られます。一見当然のように見えますが、じつはこれは、製造課長や現場所長の立場での問題意識なのです。立場を変えて、経理部門から見ると、資材を必要以上に買いすぎたり、あちこちに資材置場をつくるのは経費のむだ遣いととらえられます。

製品の在庫についても同じです。営業の立場からすれば、販売店の近くに豊富に在庫を持つ体制が望ましいと言えます。商品が不足しては商機を逸してしまうからです。しかし、在庫は資金繰りを圧迫するし、支払金利や保管費用の増加をもたらします。したがって、管理部門からすれば、営業部門にとっての豊富な在庫も過剰な在庫の問題と見えてくるのです。

したがって、資材も製品も、在庫はほどほどということになります。いろいろな条件を考えて、最適量を決定しなければなりません。この場合は、部門の立場というよりも、会社全体の立場から、トップの方針にしたがって決定することになります。

立場やTPOによって問題が異なる別の例を挙げてみましょう。

〈例1〉 銀行の窓口に人々が長い行列をつくっている。あなたがこの銀行の支店長ならば、これを見て問題だと思うか。

〈例2〉 役所の窓口に人々が長い行列をつくっている。あなたが所長ならば、これを見て問題だと思うか。

〈例3〉 病院の待合室に人々が大勢順番を待っている。あなたが病院長ならば、これを見て問題だと思うか。

これらは、人々の行列という同じ現象を扱っています。しかし、同じ現象でも問題になったりならなかったりするのです。

〈例1〉のケースでは、正解は問題ありとなります。大勢の客が来ていると思って単純に喜んではいけません。なぜならば、いつ行っても混雑している銀行では、忙しいときに用が足せないので、客は他行へ鞍替えするのが目に見えています。

銀行はどこを利用しても条件はほぼ同じだから、客は時間のかからぬほうを選びます。しかし、これも銀行がひしめいている都会での話で、近くに銀行がない田舎の場合は、あまり問題にはならないでしょう。

〈例2〉のケースでは、所長はあまり問題があるとは考えないでしょう。役所も住民にサービスを提供していますが、なにぶん役所には競争がないので、放っておいても住民が他所へ逃げていくという心配はありません。

とはいうものの、役所もサービスが悪いと、最近は住民が怒ってマスコミに投書したり、議員に文句を言ったりします。だから、正解は、昔は問題なかったが、これからは問題になるというところです。

〈例3〉のケースでは、正解は問題なしです。もし反対に、いつも閑散として患者のいない待合室だったらどうなるでしょうか。この医者はウデが悪いのではないかと不安になるでしょう。患者が大勢つめかけているということは、その医者が名医であることの証拠なのです。だから問題はないのです。ただし、病院も競争の時代に入ったのであまり長く待たせない工夫が必要でしょう。

このように、同じ現象であっても、TPOによって、また立場によって、問題になったりならなかったりします。したがって、問題を考える場合の前提が大切となってきます。

英語で**立場**のことをアイデンティティフィケーションと言います。アイデンティティと同類の言葉で、身元確認というほどの意味があります。著者はこれを**当事者意識**と呼んでいます。

「誰の立場で問題を考えるか」ということは、「問題解決の当事者は誰か」というのと同

誰の立場で問題を考えるか

じです。立場を明確にして考えないと問題はぼけてしまいます。

事例研修会などでよく出合う質問に、「この事例は○○課長の立場で考えよというが、自分はキャリアも考え方もちがう別の人間なのだから無理である」というものがあります。これに対しては、私は次のように答えることにしています。

「○○課長が他所へ転出して、あなたがその後任になったと仮定すれば、自分の問題として考えられるでしょう」

立場は、対策を考える場合にも重要です。なぜならば、立場によって、取り得る対策も当然ちがってくるからです。立場というのは、職制上で考えるならば、職位です。職位には、権限と責任がついて回りますが、立場によって、自ら取り得る対策の範囲も限定されます。課長よりは部長、部長よりは社長のほうが取り得る対策の範囲は広くなります。

さらに、立場によって目標がちがってきます。「問題は目標と現状とのギャップ」ですから、目標がちがえば、当然のこと、問題もちがったものになります。

営業課長の基本目標は「売上を伸ばす」ことと考えれば、彼の主要な問題は「売上予算の未達」であり、「売上の伸びなやみ」です。製造課長の基本目標は、一定の品質とコストという条件の下で「生産量を確保する」ことです。したがって、彼の主要な問題は「生産計画の未達」であり、「不良品の発生」です。安全課長の基本目標は「安全の確保（無事故)」です。したがって、彼の主要な問題は、事故の発生による「安全記録の挫折」です。

実際のケースでは、さまざまな具体的ターゲットとこれらの基本目標との関連を正しくとらえる必要があります。さらに3章で詳しく述べますが、いずれにせよ、立場を明らかにすることはきわめて重要です。

もし立場を無視すれば、どんな事態になるでしょうか。

「△△課長は管理職としてなっていない」

「××君は商社マンとして失格である」

などとまったく無責任な評論家的なとらえ方になってしまいます。

これではおよそ問題解決にはつながらないでしょう。

「自分がこの立場ならこうする」というものがあってこそ、問題解決が生きてくるのです。

2 問題はどのように確定するか

「問題は立場により異なる」ということを前節で述べました。裏返してみれば、「立場が決まらなければ、問題も決まらない」のです。

立場といってもいろいろあり、個人の立場、部門の立場、あるいは部門を超えたプロジェクトの立場もあります。職位で考えてみても、一般社員、監督者、管理者、経営者などさまざまです。さらには、立場によって、目標が異なり、また取り得る対策の範囲も異なります。

しかし、ごく一般的に、

「あの会社は問題だ」

と言うことがあります。たとえば、

「業績が急激に低下してきた」

「社内で派閥の対立がある」

「不祥事件が報道された」

などという場合です。

しかしながら、問題解決という立場から考えると、それでは不十分です。解決するということは、あくまでも「誰かが解決する」のです。主体的な立場というものがなければ、問題は解決しません。だから、「問題を確定する」ための前提として、1節で述べたように**解決すべき主体**を明らかにすべきです。立場がはっきりしてこそ、問題も確定すると言えるのです。

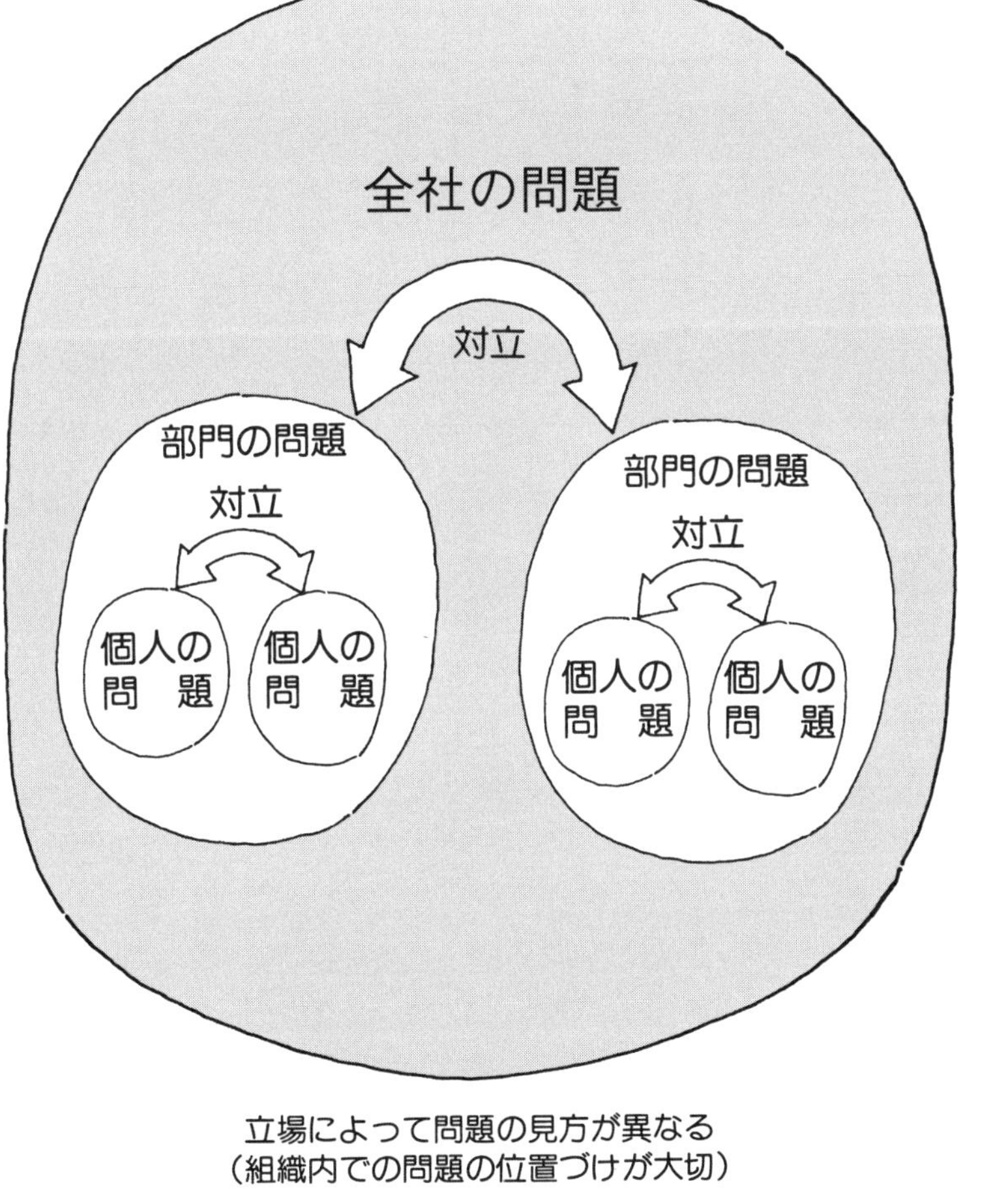

立場によって問題の見方が異なる
（組織内での問題の位置づけが大切）

もともと、立場にはさまざまな制約がつきまとっています。それが問題を発生させる間接的な原因をなしています。たとえば、資金にゆとりがあれば、不渡り手形を出さずにすむし、優秀な技術者がいれば、新製品の開発によって、売上低下を防ぐことができるかもしれません。いわゆる、ヒト、モノ、カネ、情報などの経営資源の制約によって、問題が発生しやすくなるのです。

このように考えてくると、問題を規定する要件は、目標と現状だけでは不十分であり、経営資源の制約と問題との関係を明確にする必要が出てきます。

少しむずかしい議論になってきましたので、これをイラストによって視覚的にとらえてみましょう。

「ある人が船に乗っていたところ、前方に氷山が見えてきた」

このケースで、

「氷山の存在は、この船に乗った人にとって問題であるか」について考えてください。

もし考えにくければ、「どんな場合に問題となるか」と質問を変えてみてもよろしい。

「真っ直ぐ進むと氷山にぶつかってしまう。だから問題である」

この答えは一応正しいと言えます。

「真っ直ぐ進まずに、氷山の前方で引き返す場合は問題はない」

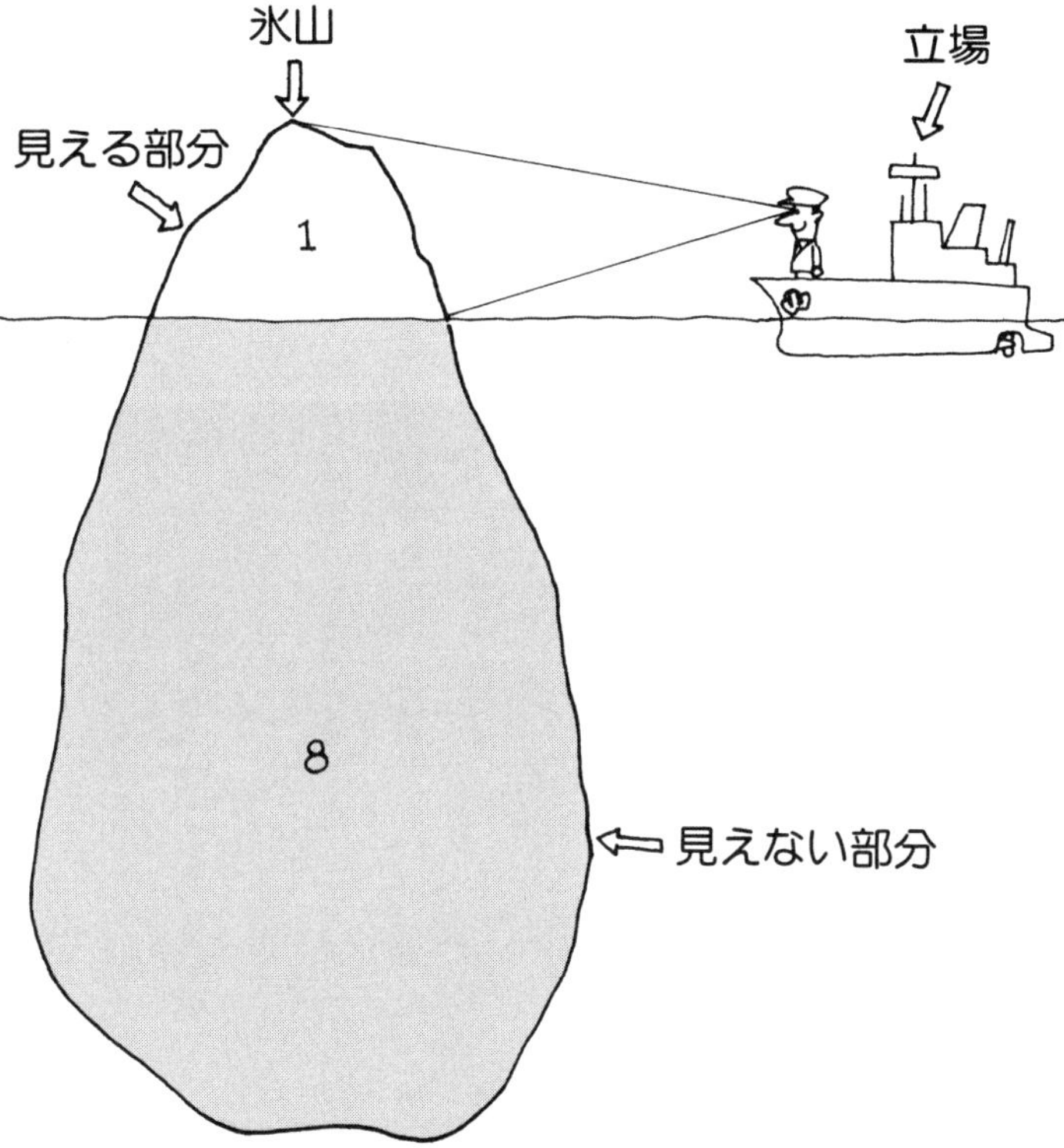

氷山の存在は問題か？
（船に乗った人の立場で考えよ）

この答えも正しいと言えます。

しかし、前方に進む場合と引き返す場合では、船のめざす方向がちがいます。すなわち目標が異なるのです。「問題は目標と現状のギャップである」とすると、目標が変われば、問題も変わります。このケースでの目標というのは、船の目的地（ゴール）です。

氷山に衝突して先に進めなくなれば、ゴールに到達できません。これがギャップです。したがって、正しくは、氷山そのものが問題なのではなくて、「氷山が障害となって、ゴールに到達できないこと」が問題です。ところが、よく考えてみると、氷山というのは海の中に浮かんでいるのですから、氷山を迂回して進めばよいということになります。

迂回するためには何が必要でしょうか。「舵が必要だ」などと答えてはいけません。それは当たり前のことであって、舵があるから、ここまで来れたのです。もしこの船に迂回して進むだけの燃料の余裕がないとしたら、これは大問題になります。あるいは、緊急事態が起こってこの船が現場に急行している場合にはどうなるか。やはり大問題となります。迂回するために、よけいな時間がかかるかもしれないからです。

迂回できるためには、少なくとも、燃料と時間にゆとりがなければなりません。この二つの条件に余裕がなければ、問題が生じるというわけです。これを**制約条件**と呼んでいます。一般的に制約条件とは、**目標達成を阻害する客観的な事実**を言います。

ここで、ようやく「問題は何か」ということが厳密な意味で明らかになったと言えます。

問題は目標と制約条件によって確定する

ということであり、別の表現をとれば、

問題の基本構造は、目標と制約条件によって決まる

ということになるのです。構造とは仕組みといった意味です。

企業経営の場でも、「問題になりそうだ」ということがわかっていても、時間的に対応が間に合わないというケースもあるでしょう。あるいはまた、人材不足、資金不足、原料不足、情報不足などの理由により、問題を回避できないケースも少なくないでしょう。

このように、時間的余裕がなかったり、経営資源に制約があったりするために、問題が生じるのです。だから、問題を規定する場合に、目標だけではなく、**目標の達成を制約する条件は何か**という要素も同時に明らかにする必要があります。

制約条件というと、むずかしいひびきがありますが、要は弱点は何かということです。

「うちの会社の弱みはいったい何なのか」

「おれの弱点はいったい何なのか」

と客観的に検討してみるとよいでしょう。そういう弱点があるために問題が起こりやすくなるのです。

だから、企業にしろ、個人にしろ、自らの弱点を明確に意識するということは、問題認識の基本なのです。漠然とした問題意識から出発して、問題を明確化していくには、このように**目標と制約条件**の把握が不可欠となります。

世間で、〝歯の浮くような議論〟とか〝青くさい議論〟とかいう場合は、えてして、ここで言う制約条件を無視した議論を言います。条件さえ無視すれば、何だって言えるからです。

制約条件を正しく認識した議論というのは、自分に**できることとできないこと**をはっきりさせるということであり、制約条件を無視して〝天下国家を論ずる〟ことは、ときには楽しくもあるが、これでは、およそ問題解決にはつながらないでしょう。

3 問題には三つのタイプがある

前節で**問題の構造**という言葉を使いましたが、じつはこの「構造」がはっきりわかっている場合の問題と、そうでない場合の問題とがあります。

1章で述べた時計の故障という問題では、構造がきわめて明確にとらえられます。このケースでは機械のメカニズムにおける故障と問題の原因とは一致します。

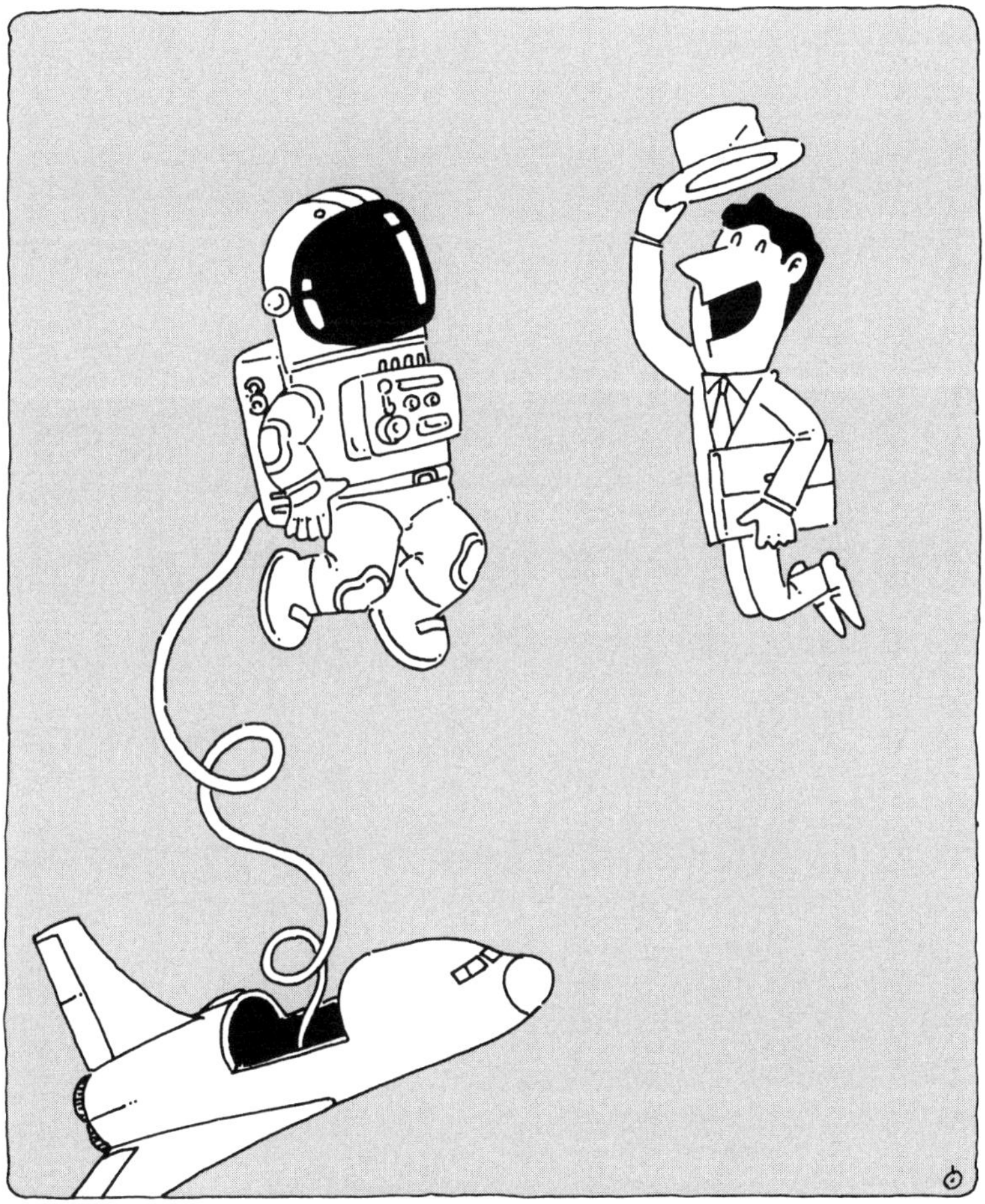

条件を無視すれば何でも言える

「どこを直せば、元どおりになるか」がわかっています。だから、時計の修理工であれば簡単に問題解決ができるのです。しかし、素人ではどうでしょうか。素人の場合は、時計の構造についての知識がないので、不具合個所の発見にも手間取るでしょうし、また上手に修理はできないでしょう。

機械の故障は目に「見える問題」であると述べましたが、目に見える問題であっても、解決が容易なものもあれば、困難なものもあります。専門家に頼めば簡単ですが、費用がかかるし、思いどおりにいかない場合もあるでしょう。

企業の問題も、外部の診断士やコンサルタントを頼めば、問題を発見してくれたり、原因を指摘してくれたりするかもしれません。しかし、それには相当の報酬を支払うことになります。債権・債務の問題については弁護士がいるし、税務上の問題には、公認会計士や税理士などがいます。労務上の問題には、社会保険労務士などがいるし、国家資格を持つ専門家の種類はおびただしいものがあります。

こうした各種の専門家を活用すれば、問題なく企業の経営ができるのでしょうか。もしできるとなると、いったい経営者や管理者の役割とは何なのかと疑いたくなります。

私たちが問題発見や問題形成を行うのは、その問題がどんな種類の問題であるか、どんな構造の問題であるか、どんな専門知識を要する問題なのか……ということを明らかにするためです。これらの事柄がはっきりしてから、それによって専門家を選んでも遅くはありません。否、むしろそうすべきなのです。

「うちの会社の問題は何でしょうか?」

これでは経営者失格です。経営者の主要な役割は、会社の直面する問題、将来にかかわる問題を見つけ出すことなのです。弁護士や会計士などはスペシャリストとしての専門家と言われますが、経営者はゼネラリストとしての専門家なのです。そして、ゼネラリストに要請される最も基本的な能力は、**問題発見**、**問題形成**、**意思決定**の能力であると言えます。また、この能力は問題や決定のレベル、内容の上でちがいがあるにしても、管理者にも要請される能力なのです。

ゼネラリストはスペシャリストの知識や能力を活用できるし、ときにはそれが良い結果を生むこともあるでしょう。しかし、問題の認識が十分でない経営者や管理者は、外部のスペシャリストの活用はおろか、組織内部のスペシャリスト(スタッフ)の活用さえかなわないでしょう。

「誰か、私の問題が何かを教えてほしい」では困りますが、正直、これが現実の姿ではないでしょうか。

問題の構造がはっきりしない場合は、これを**構造化されない問題**とか、非構造的問題と

呼んでいます。構造化されている問題の場合は、

問題A→対策X

問題B→対策Y

というように、問題さえわかれば、対策はすでに決まっています。いわば、標準化された問題のことです。たとえば、

「製造現場で、不良品ができたときはどうするか」

「工事現場で異常出水があったときはどうするか」

「営業の現場で顧客から苦情が発生したときはどうするか」

これらについてはすでに蓄積された問題解決のノウハウがあり、たいていはマニュアルができていて、これを適用すればよいでしょう。しかし、今までいちども経験したことのない問題にぶつかったときはどうしたらよいのでしょうか。問題の仕組みがよくわからないという場合に、どんな手を打てばよいのでしょうか。先の見えない時代、不確実性の時代ですから、過去に経験のない問題がどんどん増えてくることはまちがいありません。

このように考えてみますと、問題解決能力というのは、これからの時代ますます重要性を持ってきます。しかも、問題が起きてからではなく、問題の先取りをして、問題の発生を未然に防ぐ体制が望ましいのです。問題の構造を解明する方法については後章で詳しく

問題が起きてからでは遅すぎる

述べるとして、ここで「問題解決力」について少し考えてみましょう。

世の中に**知恵者**と言われる人がいます。いわば、問題解決の巧みな人で、状況判断が的確で状況適応の上手な人です。こういう人を〝世渡りがうまい〟と言います。

問題解決力というのは、前にも述べたように知識ではなく知恵なのです。〝畳の上の水練〟ではありませんが、泳ぎ方を知識として知っていても、実際に泳げるとは限りません。他方、経験ばかりでも、自己流の泳ぎ方の枠を破れず、上達が遅いかもしれません。ゴルフの場合でも、一般に自己流よりは、プロゴルファーの手ほどきを受けたほうが上達が早いと言います。

知恵というのは、元来、その人なりのものです。他人の知恵というのは、情報、知識でしかありません。自らの知識と経験にもとづき、さらに自分自身のやり方によって「問題は何か」を解明しなければなりません。これが問題解決力です。

前節の「氷山の例」をもういちど思い出してください。目に見える範囲は海上に浮かぶ九分の一の部分だけです。これを現象と呼びますが、海面下にはその八倍の体積の部分が存在するのも事実です。しかし、その部分は目に見えません。

目に見えない事実をどうやって把握するかと言うと、普通は知識や経験に照らして推論します。ところが、知識も経験もない場合は、情報を集め、情報を分析して推論することになります。他人の意見を聞いたり、類似の事象を調べたり、実験したりするわけです。問題に関する情報が一〇〇%手に入るという状況は通常考えられません。そのためどうしても推論の部分が残ります。そして、この未知の部分をいかに的確に推論するかが、問題解決の決め手になるのです。いわゆる、**カン**の働く人、**ヨミ**の深い人というのは、この推論が的確な人を言うのです。この能力はどうしたら身につけられるか。しかも、それを自己啓発によって学ぶにはどうしたらよいか。このことを真剣に考えてください。

カンとか、ヨミを加えて、問題の全体像をつかまえるという作業は、別の表現を用いると、**問題のパターン認識**であると言えます。カンやヨミの働く人は、わずかの兆候から、「これは、どんなタイプの問題か。このままでは、この先どんなことになるか」という問題のパターン認識ができます。このようなパターン認識ができるようになるためには、数多くの問題についてのパターンを頭の中に蓄積しておく必要があります。

問題のパターンは多種多様です。これを次の三つのタイプに分類して説明しましょう。

① **すでに起きているという問題——発生型**
② **今より良くしたいという問題——探索型**
③ **この先どうするかという問題——設定型**

の三つです。では、次節以下でこれらについて述べることにしましょう。

4 「すでに起きている」という問題

二〇〇一年九月一一日、ニューヨークのランドマークでもあった二棟の超高層の貿易センタービルが民間航空機のハイジャックによるテロによって崩落し、三〇〇〇人ほどの人命が失われた事件は、世界中に大きな衝撃を与えました。

この事故は起きてしまったという問題、つまり**発生型の問題**になります。このケースにおける「問題解決とは何か」は問題解決の範囲を考える上で重要な示唆を含んでいます。

まず、この事件によって直接被害を受けた人たちに対する補償という対応があります。しかし高額の補償金を出したとしても死者が生き返るわけではありません。

普通には、すでに起きている問題についても問題がなぜ起こったかを究明し、原因を見つけ出して、それに対する対策を講じて問題の再発を防ぐようにします。これを問題解決と呼んでいますが、「起きてしまった事態（結果）」は今さらどうにもなりません。事後処理が残るだけです。

9・11問題に対してアメリカ政府はどのような問題解決を行ったでしょうか。ブッシュ政権は、世界中のテロ集団やテロ支援国家を名指しで武力制圧するという対策をとりました。しかしながら、これは、〝目には目を〟という対抗手段であり、当面策にすぎません。本当の意味の根本策は「アメリカが何故テロの標的とされたのか」という真の原因を解明して、そうした原因を除くことであるはずです。事後処理や当面策だけでは正しい問題解決にはならないでしょう。

公害問題を取り上げてみましょう。汚水などの工場廃棄物による農漁業資源への影響や、有害物による人間の健康や生命に対する影響の及ぶ範囲は、きわめて広範囲にわたり、一企業の補償だけでなく、国や行政の監督責任まで追及される時代となってきました。

あるいは、欠陥車問題やクスリの副作用問題など、いったんそれが問題になると、回収や補償の費用はもとより、企業イメージへ決定的なダメージを与えかねません。そして、これらの大型事故の発生によって、企業そのものの存在さえ危うくなりかねません。企業がつぶれてしまったら、もはやその企業にとっては問題解決も意味がなくなります。

近年はこうした不測の事態に備えて、**リスク・マネジメント**とか、**クライシス・マネジメント**が重視され、問題の発生を最小限に抑える方法や、問題発生後のすみやかな対応の仕方が真剣に研究され始めています。

いちばん望ましいのは、問題を起こさないことですが、人間も機械も完全たりえないものなので、問題はいつか起こるものとして考えざるをえません。万一起こったときの対応をいかに効率的・効果的に行うかの研究が重要になってきたのです。

話が少し大きくなってしまったので、職場の問題へ戻りましょう。

すでに起きているという問題、すなわち発生型の問題というのは、目標と現状との間にギャップが発生してしまったという問題です。

職場レベルで日常よく起こる問題には、不良品の発生、顧客からの苦情の発生、各種事故の発生などがあります。これらは、他人や他所から指摘される場合もあれば、自分で発見する場合もあります。

発生型の問題は、いずれにせよ、問題の所在が明白ですから、広い意味で**見える問題**であると言えます。不良品、苦情の内容、事故の状態など客観的に認知できるのが、この問題の特徴です。

先にも述べたように、問題を確定するには、目標と現状のギャップを測定する必要があります。たとえば、

「歩留りに五％のズレが生じた」

「不良品が五％増加した」

などと表現すれば、期待値（目標）と実績値（現状）とのギャップがより明確に、厳密になります。

起きてしまった！　という問題

「約束の期日までに工事を完了していない」
「人身事故を起こしてしまった」
などの表現は、定性的な表現に近いものですが、これでも問題の内容が確定的になります。

発生型の問題は、よく観察してみると、「あらかじめ定められている基準や規則からズレてしまった」という問題と、「予定の目標や課題が達成されなかった」という問題に分かれます。前者を基準からの**逸脱問題**、後者を課題の**未達問題**と名づけることができます。

逸脱問題　図のように、期待されている状態があって、その基準値からズレた場合の問題です。基準値は期待値であり、ノーマルな状態を意味するので、正常値とも言います。基準値が「あるべき姿」「望ましい状態」「期待される結果」です。

未達問題　当初計画した目標とか、課題などを予定の期日までに達成できなかったか、あるいは達成できそうもない場合の問題を言います。これは、逸脱問題のように正常値から悪いほうへズレてきたということではなく、実績のカーブが予定カーブより下回ってしまったという問題です。課題というのは、よく問題と混同して用いられますが、「達成すべき事柄」であり、目標と同じ意味と解すべきです。

いずれにせよ、発生型の問題というのは、予定どおりに事が運ばなかったために、目標と現状との間にギャップを発生させてしまったか、あるいは発生させることがすでに明白

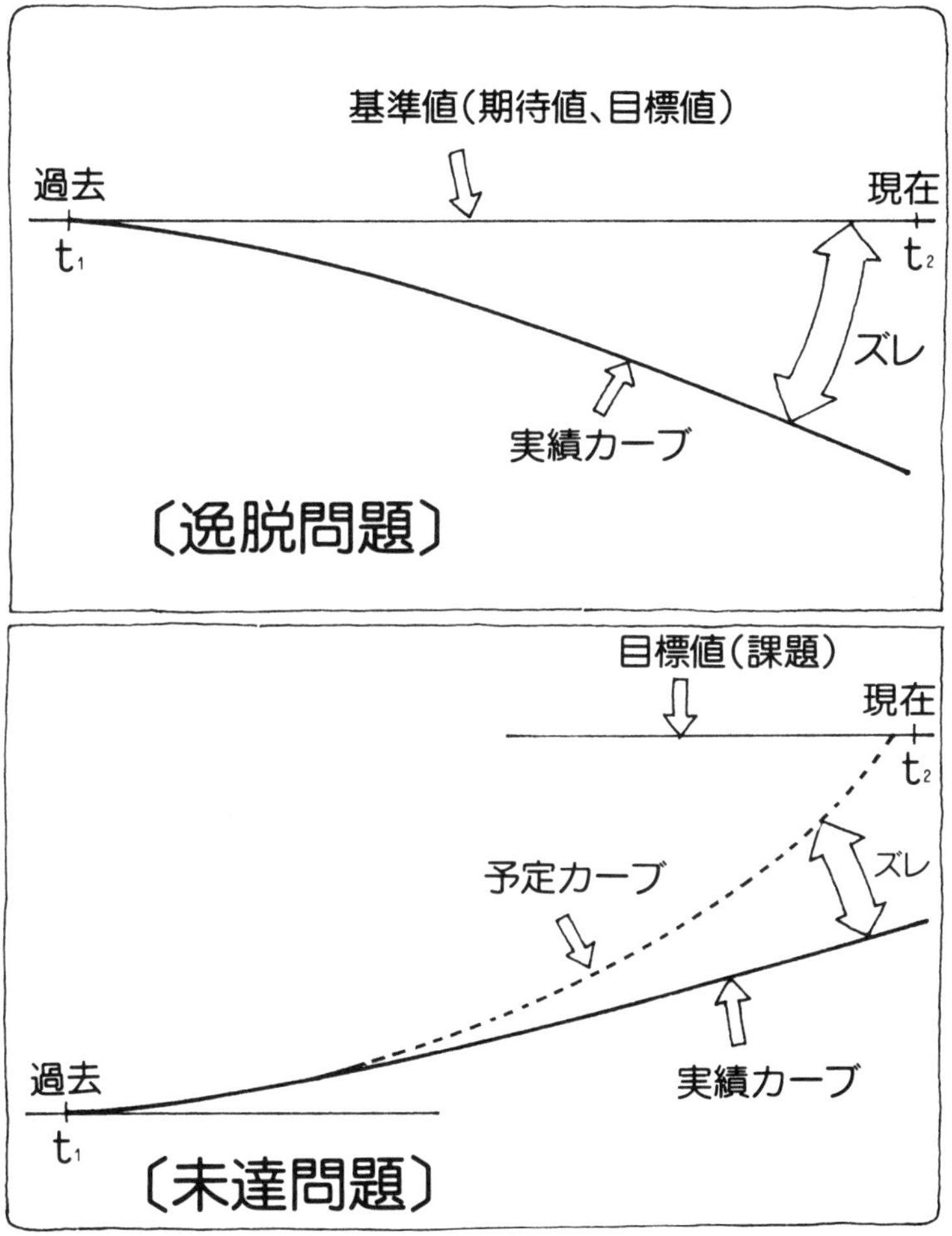
基準値(期待値、目標値)
過去
現在
t_1
t_2
ズレ
実績カーブ
〔逸脱問題〕
目標値(課題)
現在
t_2
ズレ
予定カーブ
過去
実績カーブ
t_1
〔未達問題〕

である場合の問題を言います。

したがって、発生型の問題の解決は、現実に発生したズレをいかに解消するかです。ギャップが解消すれば、問題が解決します。だから、発生型の問題解決は、原状復帰の問題解決とも言えます。

原状復帰というのは、正常な状態、予定した状態を回復するという意味ですから、あまりメリットはないと言えるかもしれません。原状復帰は現状維持にすぎないという見方もできますが、正常な状態を維持すること、予定を確実にこなすことがマネジメントの基本だということを忘れないでください。

発生型の問題は、多くの場合、なんらかの損失を現実に発生させていると言うことができます。したがって、発生型の問題解決は**顕在損失**を減少または回避させるためのものであるとも言えるでしょう。

5 「今より良くしたい」という問題

発生型の問題は、現状維持型の問題であると前節で述べました。ところが、職場には現状を維持するだけでなく、現状を改善するという問題もあります。

「工程を改善すれば、製品の品質がさらに向上するのではないか」「組織の活性化によって、もっと生産性を上げることはできないか」などという問題は、発生型の問題ではありません。

当初の目標との間に、ズレが発生しているというのではなく、むしろ現状はまあまあうまくいっているというケースです。とすると、この問題は目標と現状のギャップであるという定義に反することになるのではないでしょうか。

確かに、今のところほぼ順調にいっていると考えるならば、ギャップは見つかりません。この型の問題は「もっと良くしたいという問題」であって、発生型のように目の前に問題が存在しているわけではありません。だから、問題ないと言えば、問題ないのです。

しかしながら「待てよ、もっと良くなるはずではないか」と考えると、問題が浮かび上がってくる例がよくあります。だから、現在、物事が順調に進んでいるからといって、現状に満足せずに、「これでいいのか」と疑ってみる必要があります。したがって、この種の問題は、**疑ってみる問題**とか**探してみる問題**とか言われます。これを**探索型の問題**と呼んでいます。

探索型の問題というのは、現状よりも、もっと高い目標を持つときに現われてきます。「現われてくる」というのは、問題意識を持たなければ、見えてこない問題だからです。

探索型の問題は、目標を現在のレベルから引き上げることによって、**意識的につくられる問題**であると言えます。未来に向かって、より高い目標を設定すれば、当然のことながら、現状との間にギャップが生じ問題が現われてきます。

注意しておきたいのは、予測問題と探索型問題をまちがわないことです。「このままの状態を放っておけば起こるかもしれない」というのが**予測問題**です。これは発生型問題のバリエーションであって、近い将来に発生する問題を言います。

しかし、探索型の問題は「このまま放っておいて起こる問題」ではないのです。むしろ、気がつかなければ、いつまで経っても現われない問題です。その日暮らしで、向上心がなく現状に満足している場合には、この型の問題は意識されません。したがって、問題は客観的には存在しないことになります。

一般的に向上心の強い人には、たくさんの問題が姿を現わします。なぜならば、向上したいという欲求があれば、「あるべき姿」と「実際の姿」との間には、当然ギャップが見えてくるからです。職場における改善意欲も個人の向上心と変わりありません。現状に甘んじないで、より高い目標に切り替える。それによって、意識的、主観的につくられるギャップが探索型の問題です。

探索型の問題の原因分析は、「現状がなぜこれ以上の効果を生まないか」という原因の追究です。不具合個所というよりは、改善可能な問題点を見つける作業です。
探索型の問題は**改善問題**に代表されますが、これと多少異なるものとして、**強化問題**があります。

「現在の組織体制をもっと強化できないか」
「現在の情報システムをさらに充実できないか」

など、現状の体制強化を図る問題です。これは広い意味では改善問題に含めてもよいでしょうが、改善というよりも、すぐれているものをさらにすぐれたものにするという問題意識によるものです。例を挙げて両者のちがいを見てみましょう。

改善問題　現在おおむね健康であるが、医者からは、多少血圧が高いので、塩分を控え、暴飲暴食を慎むようにとのアドバイスがあった。これは少し高い血圧を正常化し、今よりももっと健康な状態にもっていくという改善問題に当たります。

強化問題　現在のところほとんど病気らしい病気をしたことがなく健康体である。しかし、もっと体格を立派に鍛え上げたい。そこでアスレチックジムへ通ってボディビルを始めようというのは強化問題としてとらえられます。

このように改善問題は短所（欠点）をなくすためのものであり、強化問題は長所を伸ばすためのものともいえるでしょう。

ＴＱＣ（トータル・クオリティ・コントロール）やＴＱＭ（トータル・クオリティ・マネジメント）で扱う問題には、一部発生型の問題もありますが、中心はこの「探す問題」であると言ってもよいでしょう。改善点を見つけ出し、今よりもいっそう効率を上げ、生産性の向上に努める。品質をよりいっそう良いものにして顧客満足を高め、企業イメージの向上に努める……などは、まさにここで言う探索型の問題解決です。

職場単位の小集団活動を母体とした改善活動において、探索型の問題を見つけ出し、解決していくためには、集団における**問題の共有化**が必要になります。複数の人たちがこの探索型の問題を共有化するにはどうしたらよいでしょうか。

二通りのやり方があります。一つはグループリーダーが課題なりテーマなりを設定します。たとえば、「Ａ製品の品質を向上するにはどうしたらよいか」と最初から問題の所在を明らかにするやり方です。第二は、テーマを特定せずに、「改善テーマをそれぞれ自由に挙げてください」と問いかけ、出てきたもののなかから優先順位をつけてテーマを絞り込むというやり方です。

小集団活動を活性化し、各自の問題意識を刺激するには、後者のほうが適していると言えましょう。しかし、日ごろから言われたことしかやらないという〝官僚的〟な体質の組

もっとよくしたい！　という問題

織においては、なかなかうまくゆきません。もともと問題意識に乏しくぬるま湯的で、責任回避的な風土では、探索型の問題は見つかりにくいからです。

ＴＱＣのテーマを選ぶ場合に、とくに注意しなければならないのは、「その問題を解決した場合の価値は何か」ということです。集団の活性化が狙いであるならば、あまりテーマにこだわる必要はないでしょう。だが、具体的な成果を求めるのであれば、テーマの選択が大切となります。

「立場」のところで述べたように、組織のある部門の問題解決は、他の部門にとっては反対に問題になったりする場合もあります。自部門にとって、最も望ましい状態をつくることを**部分最適化**（部門最適化）と言いますが、部分最適化は組織全体から見ると望ましくない場合もあるのです。

営業部門にとっては、製品在庫が豊富なほど「望ましい状態」であると言えますが、企業全体にとっては、過剰在庫をもたらす危険性があります。また、技術部門が最高の品質の製品をつくったとしても、コスト高となって売れないかもしれません。

探索型の問題を取り上げ、「どうなればよいのか」という目標を描く場合には、**全体最適化**の見方がとくに重要です。職場や部門についての目標設定が、より上位の組織の目標と矛盾しないよう注意すべきです。

目標をより高く設定する（設定できる）ということに気がつかなければ、コストを削減したり、満足度を高めたりするという価値や利益は生み出せません。したがって探索型の問題解決は**機会損失**を減少または回避するためのものであるといえます。機会損失とは〝得べかりし（得られたかもしれない）利益〟をいいます。

6 「この先どうするか」という問題

発生型の問題とは、過去に原因があって、現在望ましくない事態を発生させている問題であり、あらかじめ決められた目標との間にギャップが生じている問題です。

これに対して、探索型の問題というのは、あらかじめ決められた目標との間にはギャップはないけれども、より高い目標を新たに設定したために意識的につくられたギャップを問題としています。

わかりやすく表現すれば、発生型の問題は「どうなっているか」という現状に注目した問題であり、探索型の問題は「どうなればよいか」という目標を追究した問題です。

ところが、このいずれにも属さない第三の問題があります。たとえば、「A国に工場を建設する際には、どんな問題が想定されるか」

「B業界にエントリーするには、わが社としてどんなネックが考えられるか」
「関東大震災クラスの地震が起きても支障なく操業を続けるには、どんな体制が必要か」
「一ドル一〇〇円の為替相場になったときでも、事業が継続できるためには、どんな準備が必要か」

これらの問題は、問題がまだ起きていないので発生型の問題ではないし、また、これまでのやり方を見直して、より高い目標に近づけようという探索型の問題でもありません。「この先どうするかという問題」であって、過去を引きずっていない問題なのです。この種の問題は、**設定型の問題**と呼ぶことができます。このタイプの特徴は「もし……ならば」という、いわば条件付きの仮定の問題である点です。

このタイプの問題はこれまでやってきたこととはまったく無関係に設定されるので、これを、「創る」問題ということもできます。「探す」問題と似ていますが、探す問題は、あくまで過去からやってきたことを「見直す」タイプの問題です。

さらに、先に述べた予測問題とも区別しておく必要があるでしょう。同じく未来の問題を取り扱っているのですが、「このままの状態を延長すれば、近い将来どんな問題が起こると予想されるか」というのが予測問題です。問題の発生が少し先になるという、発生型の問題のバリエーションです。

この先どうするかという問題

これに対して、設定型の問題は、現状の延長としての問題ではなく、未来の「ある条件下における問題」を言います。いわば「想定問題集」に当たるものと考えてもよいでしょう。

時間の流れで考えてみると、次ページの図のようになります。過去から現在にいたるのが発生型の問題であり、過去がなく、現在から未来を見つめるのが設定型の問題であるとすると、探索型の問題は、ちょうどその中間に位置づけられます。

「この先どうするかという問題」ではあっても、設定型の問題を考える時点は、あくまでも現在です。将来、問題が起きてから考えればよいというのであれば、それはその時点における発生型の問題になってしまいます。

設定型の問題とは、未来のある環境変化に対応した体制を目標として考える問題です。そういう意味では、経営戦略を考える前提となるものです。

設定型の問題も二つに分類できます。一つは、まったく新しい目標を設定するという開発型の問題であり、他は、将来の危険に対する回避型の問題です。

開発問題　これまで未経験のまったく新しい分野へ参入する事業の多角化、合併・提携・合弁などの事業の再構築、外国に直接投資して現地に工場を建設する国際化など、新しい機会を創るケースで、新規の開発に伴い生じるリスクの問題を言います。

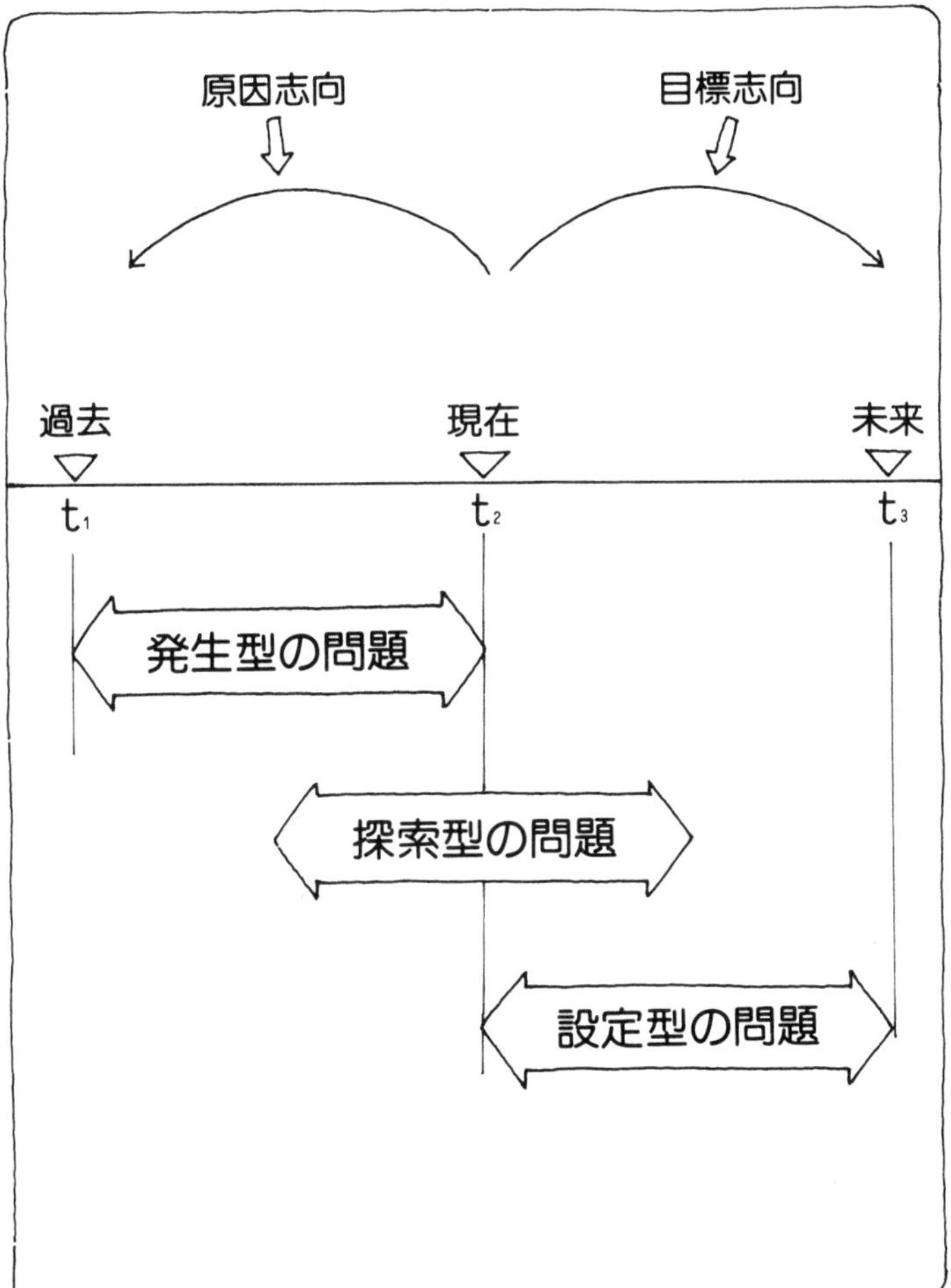
原因志向
目標志向
過去
現在
未来
t1
t2
t3
発生型の問題
探索型の問題
設定型の問題

回避問題　将来のさまざまな危険を予想してあらかじめ準備をしておくための問題です。急激な環境変化や、強力な競争相手の出現、自然災害や疫病の流行、戦争やテロなど将来のさまざまな危険に対応する問題です。危険そのものを回避できなくても、そのときの損失を最小に食い止める手だては必要です。

リスクにも意思決定のリスク（内生的リスク）と外部からやってくるリスク（外生的リスク）とが考えられます。前者は「自分たちが何かを計画し、行動を起こす」ことに伴う、いわば自己責任のリスクです。

大手銀行同士が合併した際に発生したシステム障害（コンピュータシステムの不具合により一時営業停止に追い込まれ、社会的批判を招いた）という問題は、合併が決定した過去の時点にさかのぼって考えてみるならば、その時点では、「将来システム障害が起こるかもしれない」と仮定される設定型の問題としてとらえることができたはずです。

後者の外生的リスクは、「自分たちに責任がなくとも起こる」危険で、自然災害や金融恐慌が典型的な例です。自分たちに責任がなくても大損害をこうむったり、企業が倒産に追い込まれたりすることがあります。

企業防衛上、あるいは生活防衛上こうした危険に前もって準備を怠らない〝転ばぬ先の杖〟が必要です。生命保険や損害保険に加入するのも、こうした問題意識からです。

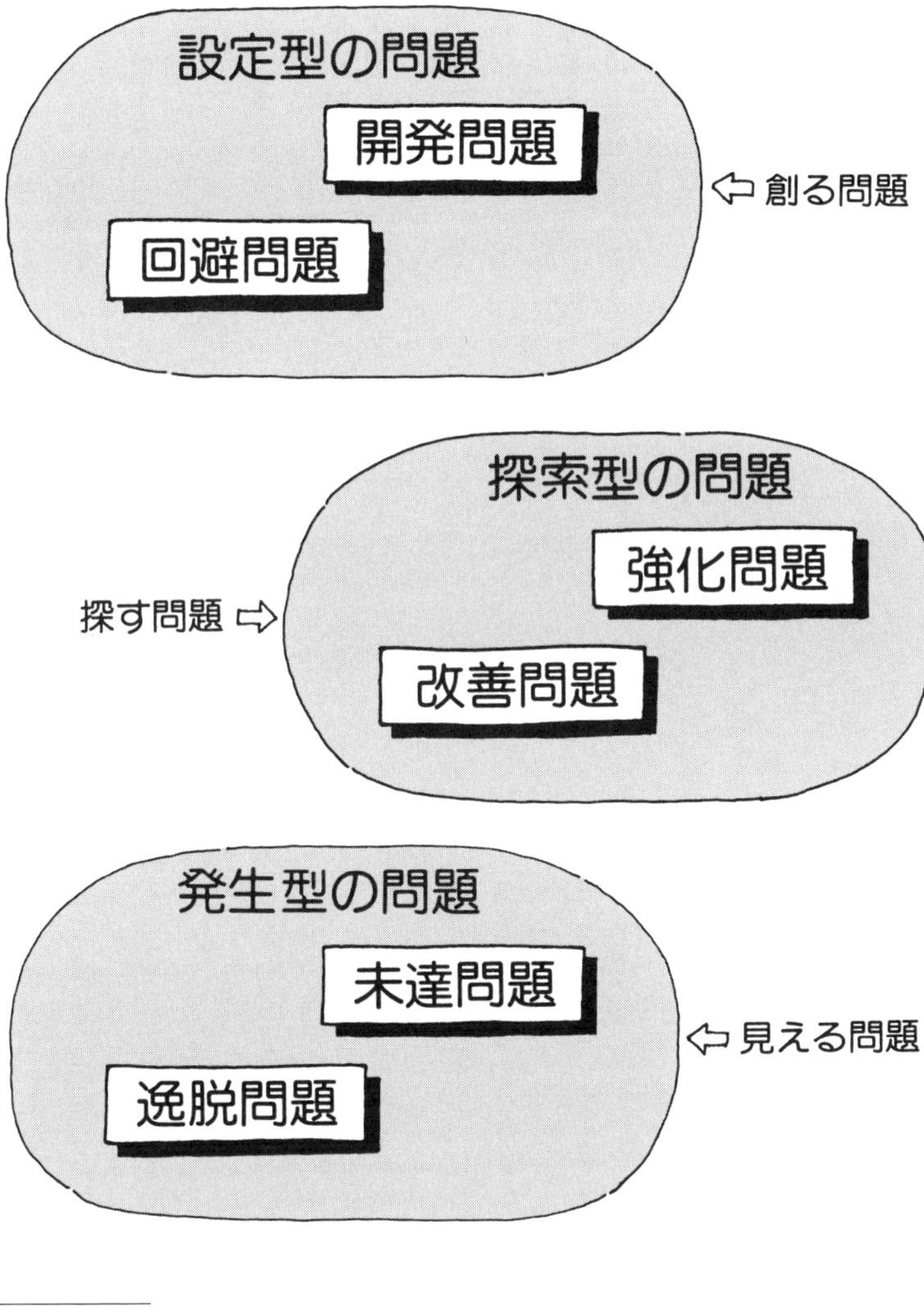
設定型の問題
開発問題
回避問題
⇦ 創る問題
探索型の問題
強化問題
改善問題
探す問題 ⇨
発生型の問題
未達問題
逸脱問題
⇦ 見える問題

もともとリスクというのは確率的な考え方で、リスクがゼロパーセントとは「完全にうまくいく」ということを意味し、リスクが五〇％あるということは「成功する確率が二分の一である」ことを意味します。「何か新しいことを始めるに当たって、リスクを評価してみる」ことは設定型の開発問題を扱う場合には必要なステップです。

ところが、**クライシス**という言葉は危機的状況を意味する強い表現で、いわばパニックに近い状態を指しています。問題解決に失敗すれば、事業そのもの、経営そのものが成り立たない程に追いつめられた状況です。

一般にクライシスは突然の取引先の倒産や銀行の融資ストップなど、外生的リスクによって起こるケースが多いと言えますが、ときには企業犯罪や公害問題のように、自分たちに責任のある内生的リスクによって起こるケースもあります。

いずれにせよ、設定型の回避問題はクライシスに対応するもので、将来のクライシスを予想して未然に防止するようにするか、あるいは、クライシスが生じたときにどのように切り抜けるか、事前に対応策を考えておくためのものです。

設定型の問題は、未来の問題を考えるということから、最も組み立てがむずかしいと言えます。将来「状況がどのように変わるか」によって条件の設定の仕方がちがってくるからです。目標そのものは、いくらでも設定できますが、条件を無視した目標は〝絵にかいた餅〃にすぎません。実行可能性があるかないかは、まさに条件次第であるということになります。

設定型の問題は、「将来生じるかもしれない（あるいは、生じないかもしれない）損失」についてのものなので、設定型の問題解決は、**潜在損失**の減少または回避のためであるということができます。

本章の最後に、問題の種類と組織階層との関連について触れておきましょう。これはきわめて大まかな位置づけですが、どの階層に、どの種類の問題が比較的多いかということです。階層ごとの主要な問題領域といってもよいでしょう。

発生型の問題は、日常くりかえし起こる問題を含めると現場で起こる問題が多いため、監督レベルの主要な問題領域と言えるでしょう。

探索型の問題解決は生産性の向上のため、現状を見直し、課題を設定するという意味から主として管理レベルの問題領域と言えるでしょう。

設定型の問題は経営戦略を構築するときの問題設定であり、主として経営レベルの問題領域であるといえます。

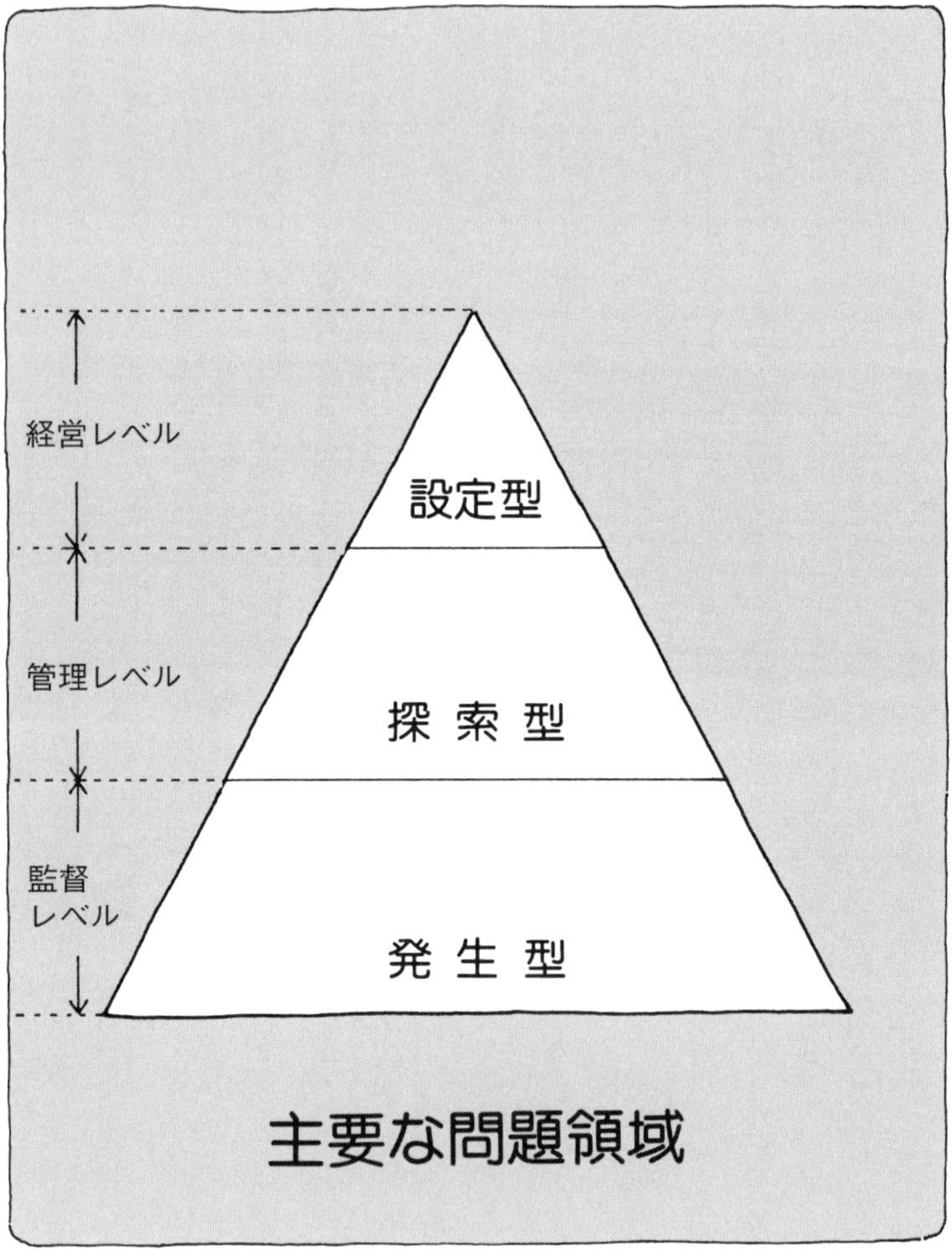
経営レベル
管理レベル
監督
レベル
設定型
探索型
発生型
主要な問題領域

3 問題を組み立てる

1 問題の「仕組み」を考える

与えられた問題を分析するよりも、自ら問題を見つけ出し、問題の仕組みを考え、問題を形成する試みのほうがより重要であることは、先にも述べました。

発生型の問題であっても、問題を正確にとらえるのは簡単ではありません。たとえば事故の発生という問題の場合に、その事故がどれだけの重大性をもっているのか、事故によって生じる損失はどの程度か……など厳密に検討してみる必要があります。

「与えられた問題」や「起きている問題」であっても、このように問題を正確にとらえることができなければ、本当の意味で「問題を見つけた」とはいえないでしょう。

さらには、問題を引き起こしている要因相互の関係にまで踏み込んで考えるのも、より深く「問題を見つける」ことであると言えるでしょう。

そこで、問題の全体像を正しくとらえるために、本章では問題の成り立ちと、仕組みについて考えてみましょう。「仕組み」は、構成とか構造とかの言葉に言い換えることができます。

問題を部分的にとらえるのではなく、問題の全体像を明確にして、原因相互の関係を見ていく方法を示すのが、本書の狙いです。

こうしたやり方を著者は、**システムズ・アプローチ**と名付けました。システムとは、「複数の相互関連的要素からなる活動体」のことです。この見方を「問題」に当てはめて考えるとすれば、

問題は、複数の要素の絡み合いによって成り立っている論理のシステムである

ということになります。このようなシステム思考を、問題解決に応用した場合をシステムズ・アプローチというわけです。システムズ・アプローチは問題の構造を解き明かすやり方なので、**問題の構造化**と呼ぶこともできます。問題を根本的に解決するには、問題を表面的・感覚的にとらえるのではなく、構造的・論理的にとらえる必要があります。

さらに問題の全体像をとらえるには、不足している情報（事実）を補うために推論や仮説を試みることも必要です。問題の構造化においてもっとも難しいのは、「見えない原因」

を的確に推論する部分であるため、このやり方を**構造的洞察法**（ストラクチャード・インサイト・メソッド）とも呼んでいます。

問題解決とは、問題が起こってから、あるいは問題が認識されてから原因を調べ、問題点を列挙して、それらに対して手を打つことを言います。したがって、考える順序は、問題→原因→対策の流れとなります。問題が起こった順序からすれば、原因→問題→対策の流れとなります。

後者を**時系列分析**と言いますが、問題解決の場合の手順は時系列分析ではなく、前者の**論理分析**の手順に従います。そして、問題を目標と現状のギャップとしてとらえるならば、九〇ページの図のようになります。

両者のギャップのとらえ方は、

①　目標から現状を見てギャップをとらえる

②　現状から目標を見てギャップをとらえる

の二通りが考えられます。

「どうなっているか」と「どうなればよいか」、つまり目標と現状の間を思考の上で何度か往復するうちに、ギャップが確定してきます。ギャップが明確になれば、問題が明確になったと言えます。

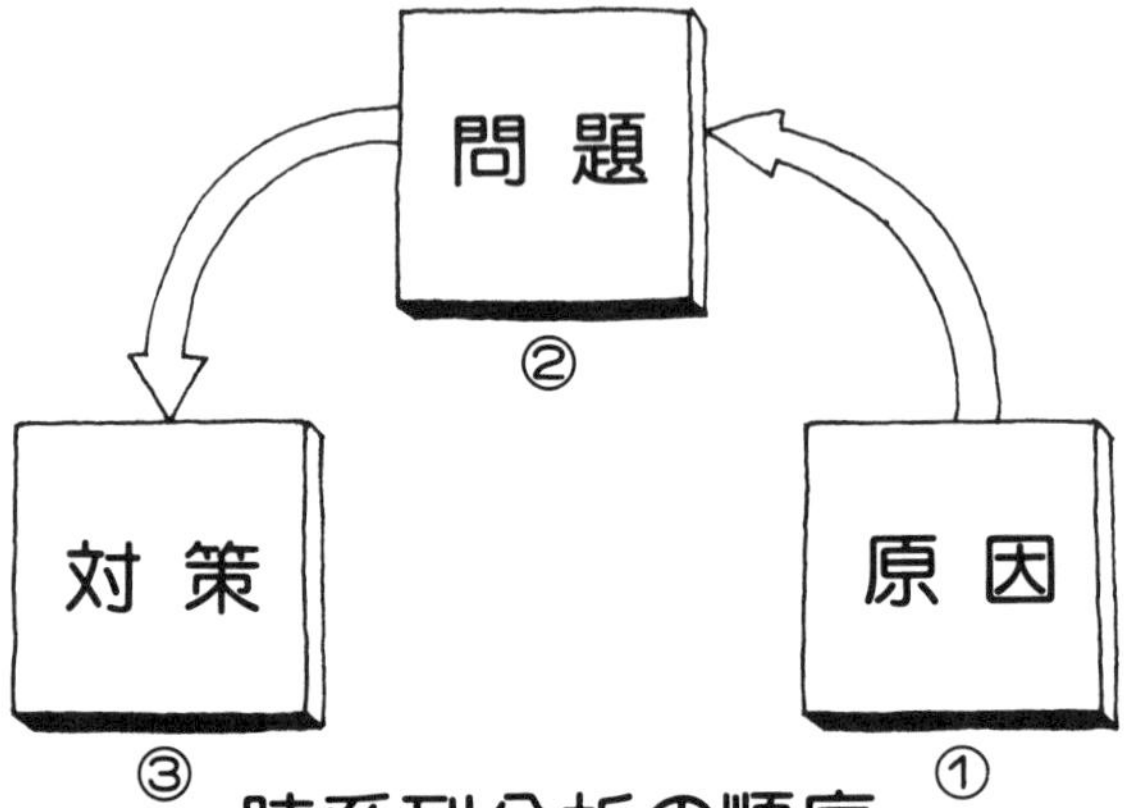

時系列分析の順序

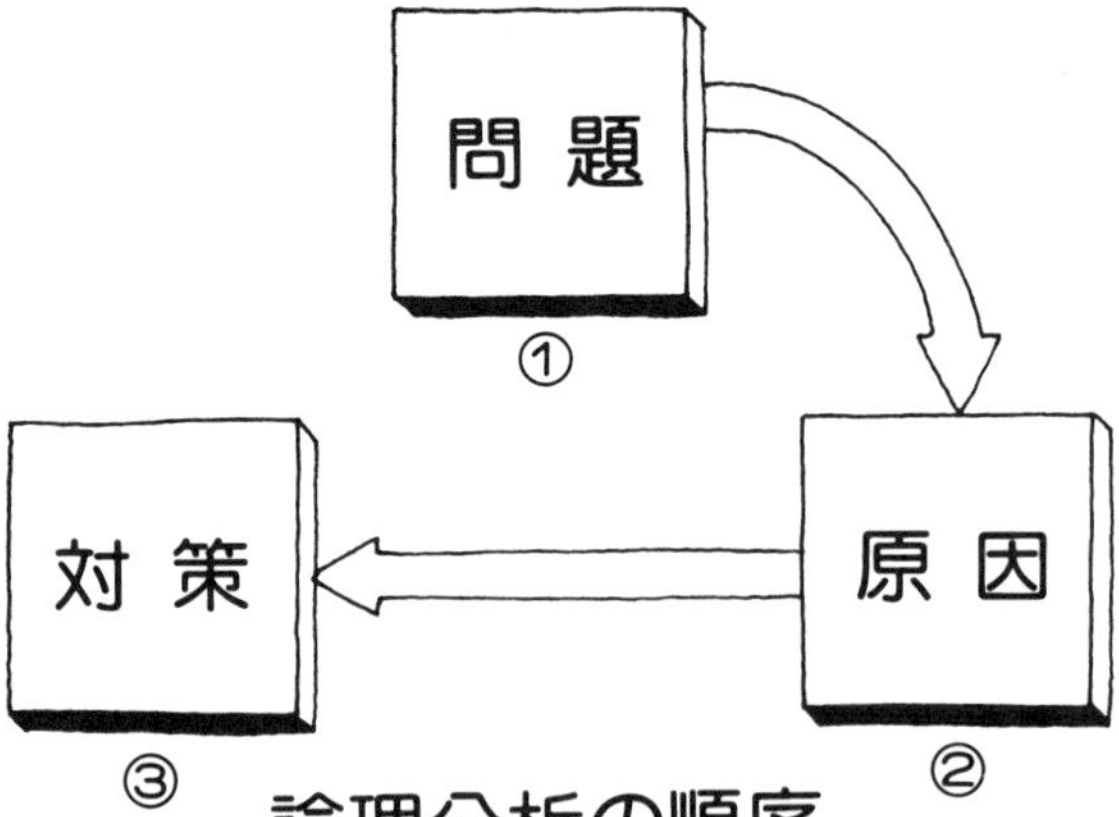

論理分析の順序

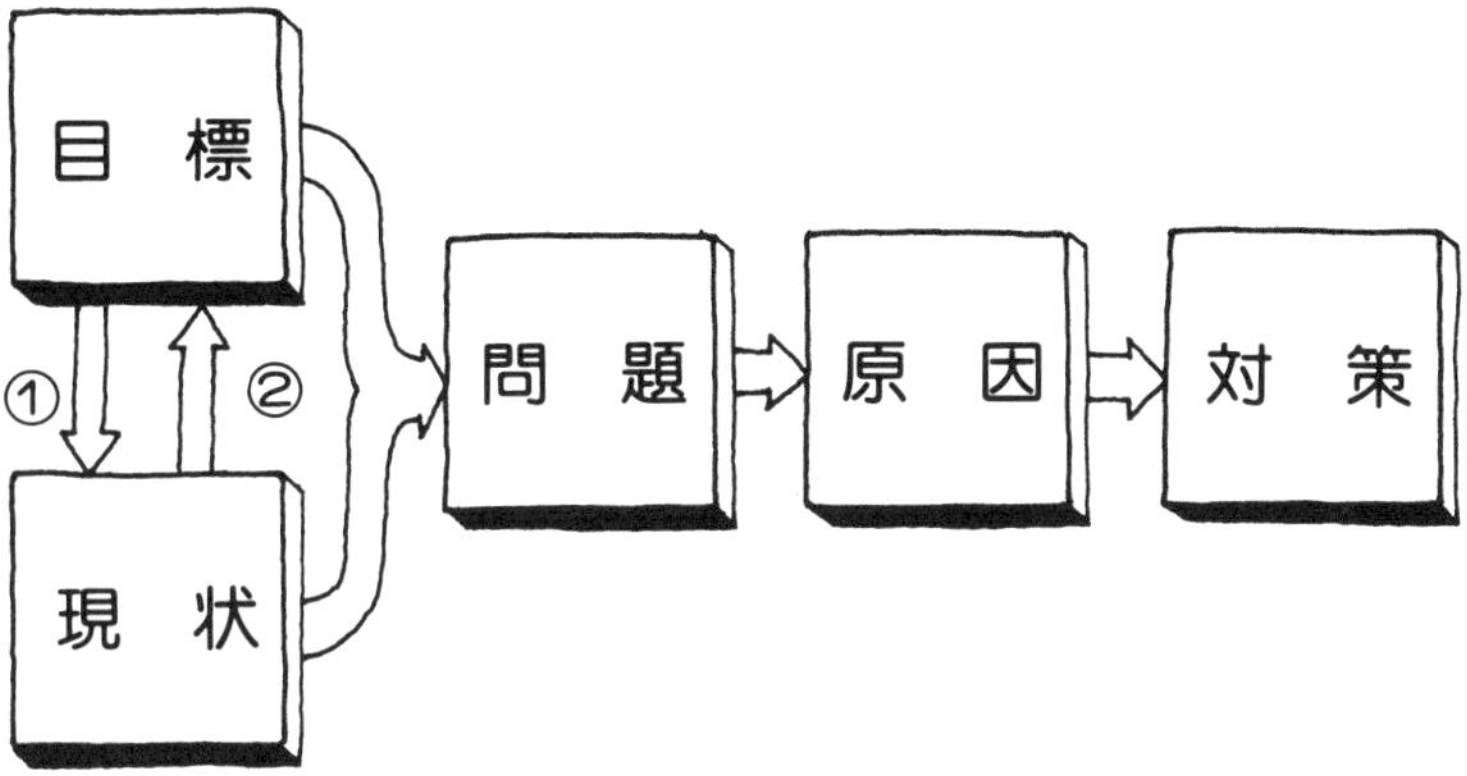

しかし、厳密に言うと、問題が明確になったといっても、目標と現状のギャップが明確になっただけで、その問題の**仕組み**がわかったわけではありません。

問題の構造化というときは、問題を構成するさまざまな要素の関係を明確に位置づけることを言います。それらの要素の関係に不具合が生じたとき、それが原因となって問題が起こるわけです。したがって、原因を明らかにし、問題点を絞る前の段階で、問題の仕組みを解明しておく必要があるのです。

では、「飲酒運転をして自動車事故を起こした」というケースを例にとって、問題の構造化を試みてみましょう。構造化のレベルには三段階あります。

最も単純な構造化の例（九二ページ）では、

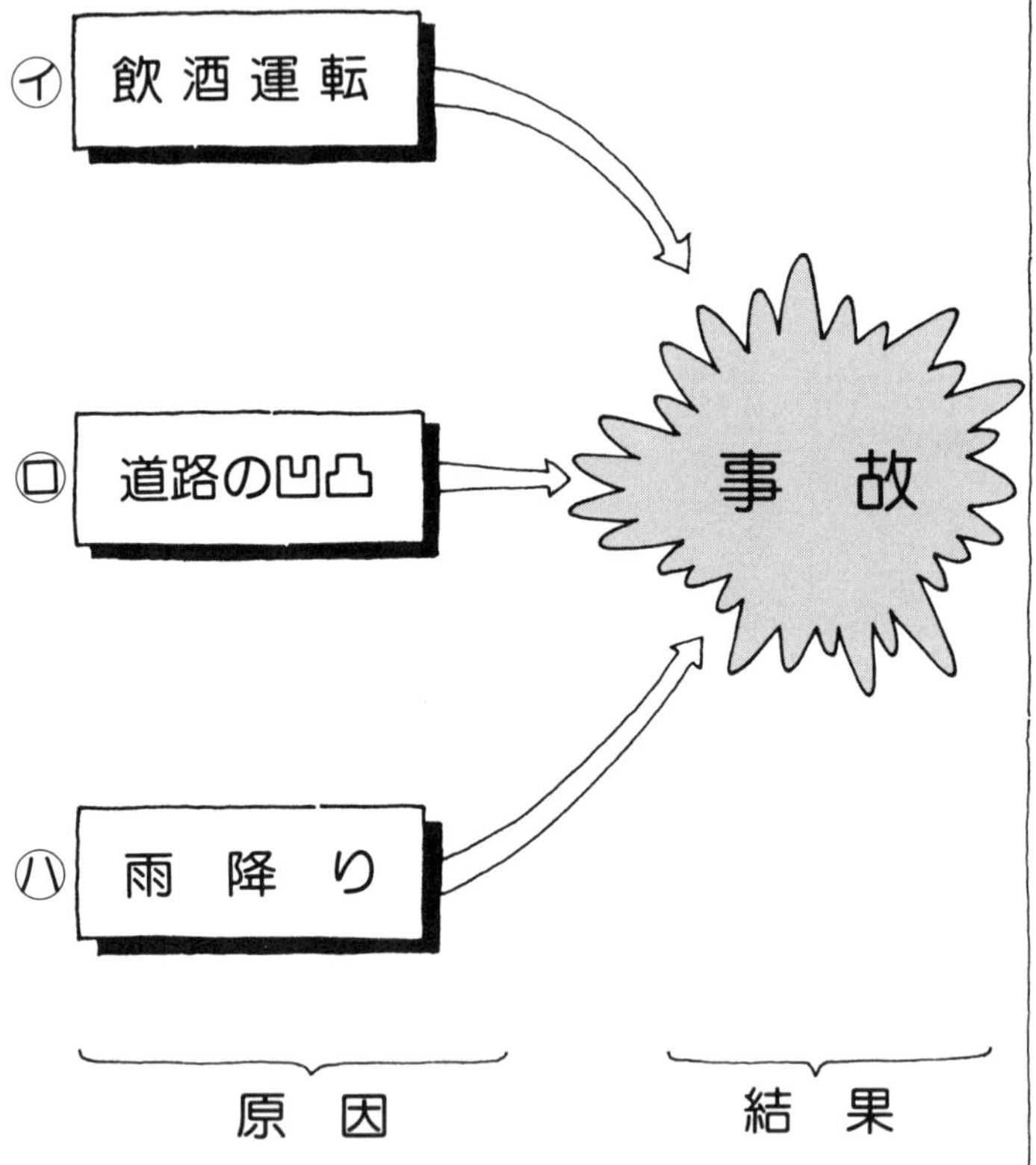

最も単純な構造化の例

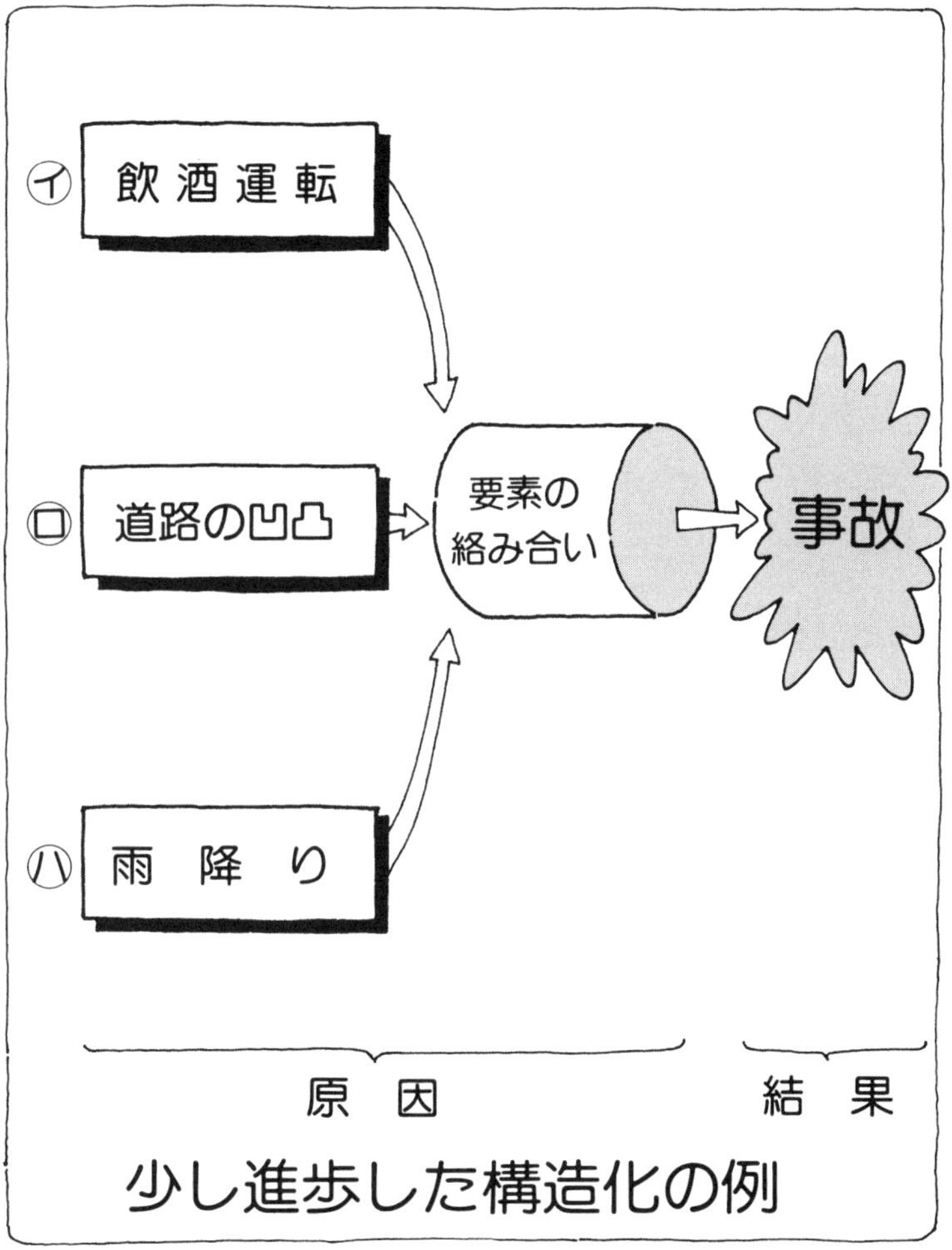
㋑
飲酒運転
㋺
道路の凹凸
㋩
雨降り
要素の
絡み合い
事故
原因
結果
少し進歩した構造化の例

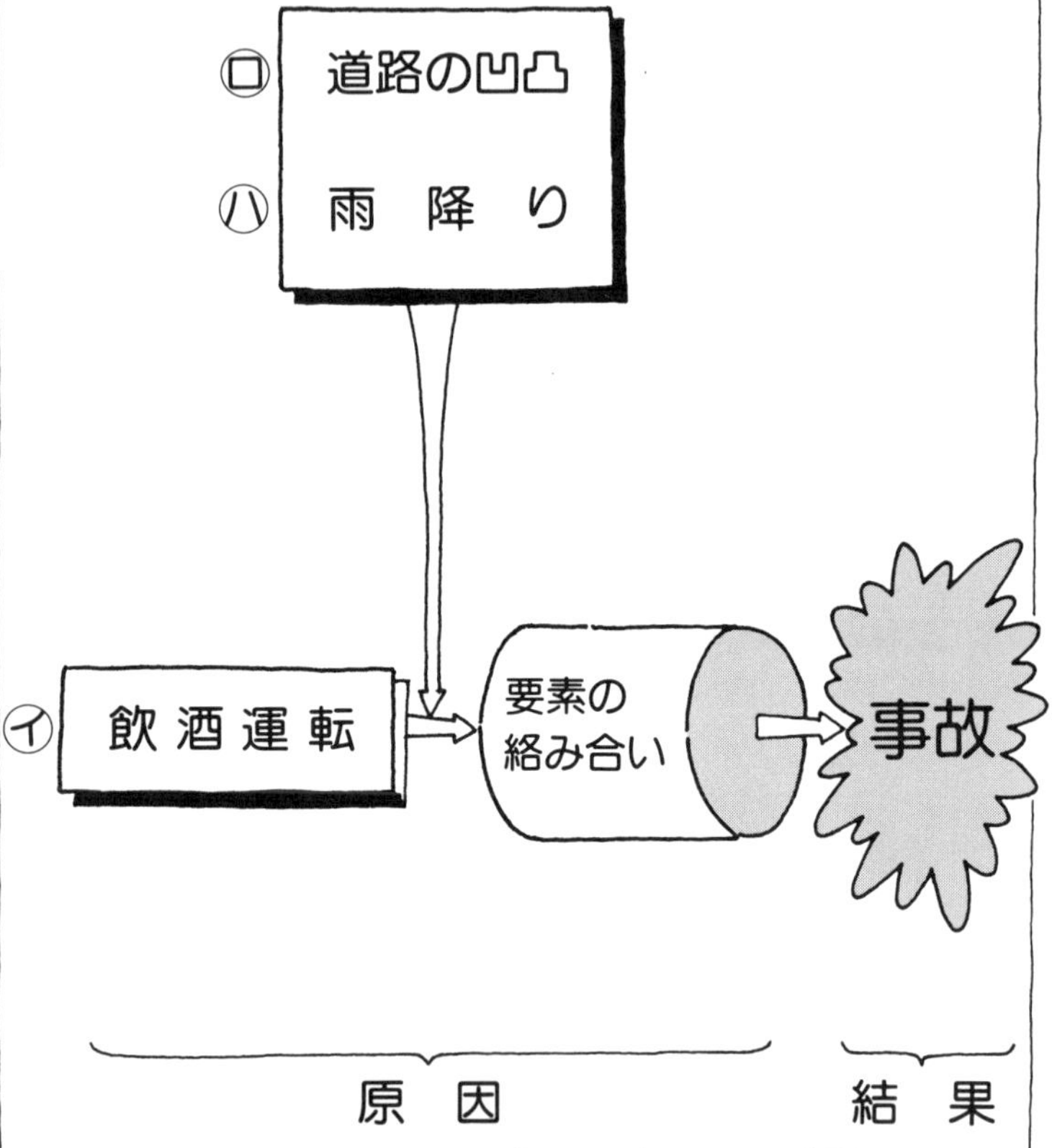
ロ 道路の凹凸
ハ 雨降り
イ 飲酒運転
要素の
絡み合い
事故
原因
結果

最も進んだ構造化の例

原因と考えられる三つの要素と事故との関係が、直接的に結ばれています。原因と考える要素は㋑、㋺、㋩と三つありますが、これらの相互関係はまったくつかめません。したがって、問題点に優先順位をつけて原因を絞ることができません。

次は、これよりも少し進歩した構造化の例（九三ページ）です。原因と考えられる要素は同じく㋑、㋺、㋩ですが、今度は直接に事故という結果につながっていません。この構造化の特徴は、中間に思考のフィルターを設けたことです。㋑、㋺、㋩という三つの要素が相互に絡み合った結果、事故が起こったと考えるのです。**要素の絡み合い**というのは一つの仮説ですが、仮説によって要素の相互関係の推論が可能になるのです。

最後は、最も進んだ構造化の例（九四ページ）です。三つの要素のうち、「飲酒運転」というのは、事故を起こした当人の原因に帰せられるものです。他の二つは、当人に直接関係のない事柄です。たまたま「道路の凹凸」と「雨降り」という状況にぶつかったため事故を起こす結果になったと考えられるのです。このような客観的状況のことを、**制約条件**と言います。（このことは6節で詳しく説明します）。

この構造化の段階では、㋺と㋩という条件のもとで㋑という行為によって事故が発生したのが一目瞭然です。しかも、㋺、㋩という条件と㋑という行為の「絡み合い」も推論できるようになっています。（推論の仕方については4章で述べます）。問題の仕組みを

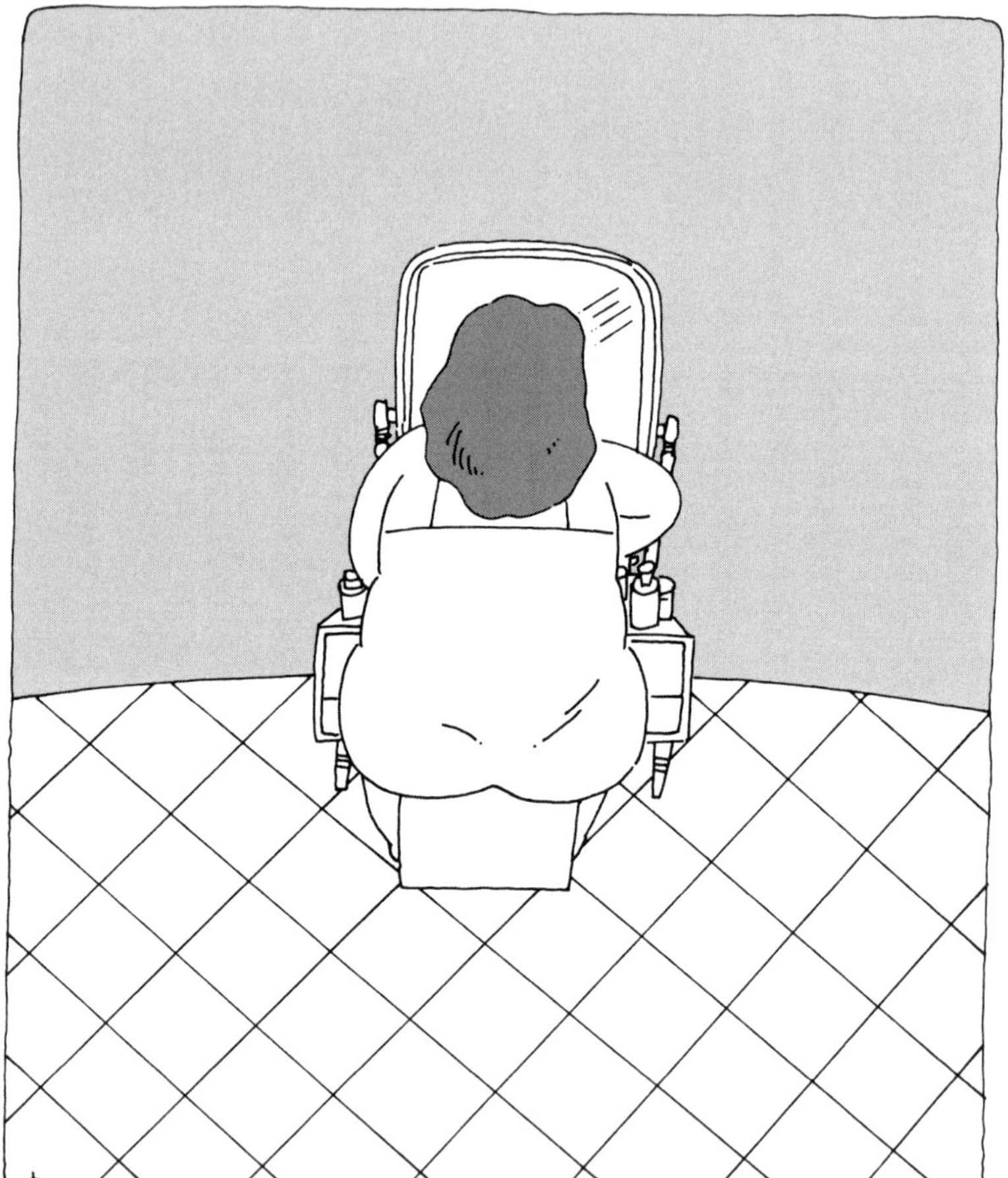

主観の客観化が大切である

このように図式化するのは、主観的な判断の誤りを避けるためです。私はこれを**主観の客観化**と呼んでいます。

本節では、問題の構造化の仕方には三通りあることを一応頭に置いてください。

2 問題は環境変化から生まれる

環境が安定しているときには、あまり新しい問題は起きないものです。日常的な問題はなかなかなくならないものですが、過去に経験したことのない新しい問題は、主として環境の変化から生まれます。したがって、問題を先取りするには、環境変化の情報に敏感でなければなりません。

問題には、それが起こってきた背景というものがあります。そうした問題の背景は、問題形成をする場合の前提となります。たとえば、次のようなものです。

① 営業活動を規制する新しい法律が制定された
② 売上額から利益額に目標が変わった
③ 輸出重視から国内市場重視に方針が変わった

このような状況の変化によって、問題が起こりやすくなるわけです。

①は、企業をとりまく環境変化の一つです。これによって企業活動が制約されることになります。

②は、企業目標の変更です。問題を考える立場がトップ経営者以外の場合には、上位目標である組織目標も、問題を考える場合の一つの前提となります。

③は、組織方針の変更です。これもトップ経営者以外の立場では、問題形成の一つの前提となります。

問題の生じる背景や前提を把握できていない場合は、目先の問題処理はうまくいっても、長期的に効果の出る対策を講ずることはできません。後でも「制約条件」のところで詳しく触れますが、環境変化や組織方針も問題を発生させるプロセスに影響を与える制約条件になりうるからです。また、組織目標（ゴール）をブレークダウンしたものが自己目標であり、それが問題解決をする立場の達成目標（ターゲット）になるので、組織目標も当然、問題形成に関係してくるのです。

この三者の関係は次ページの図のようになります。「環境変化」によって「組織目標」も「組織方針」も影響を受けます。また、目標が決まってから方針を考えるのが一般的ですから、「組織目標」から「組織方針」へ矢印が向いています。

図を見ればおわかりのように、組織目標の下に自己目標があり、その自己目標と現状と

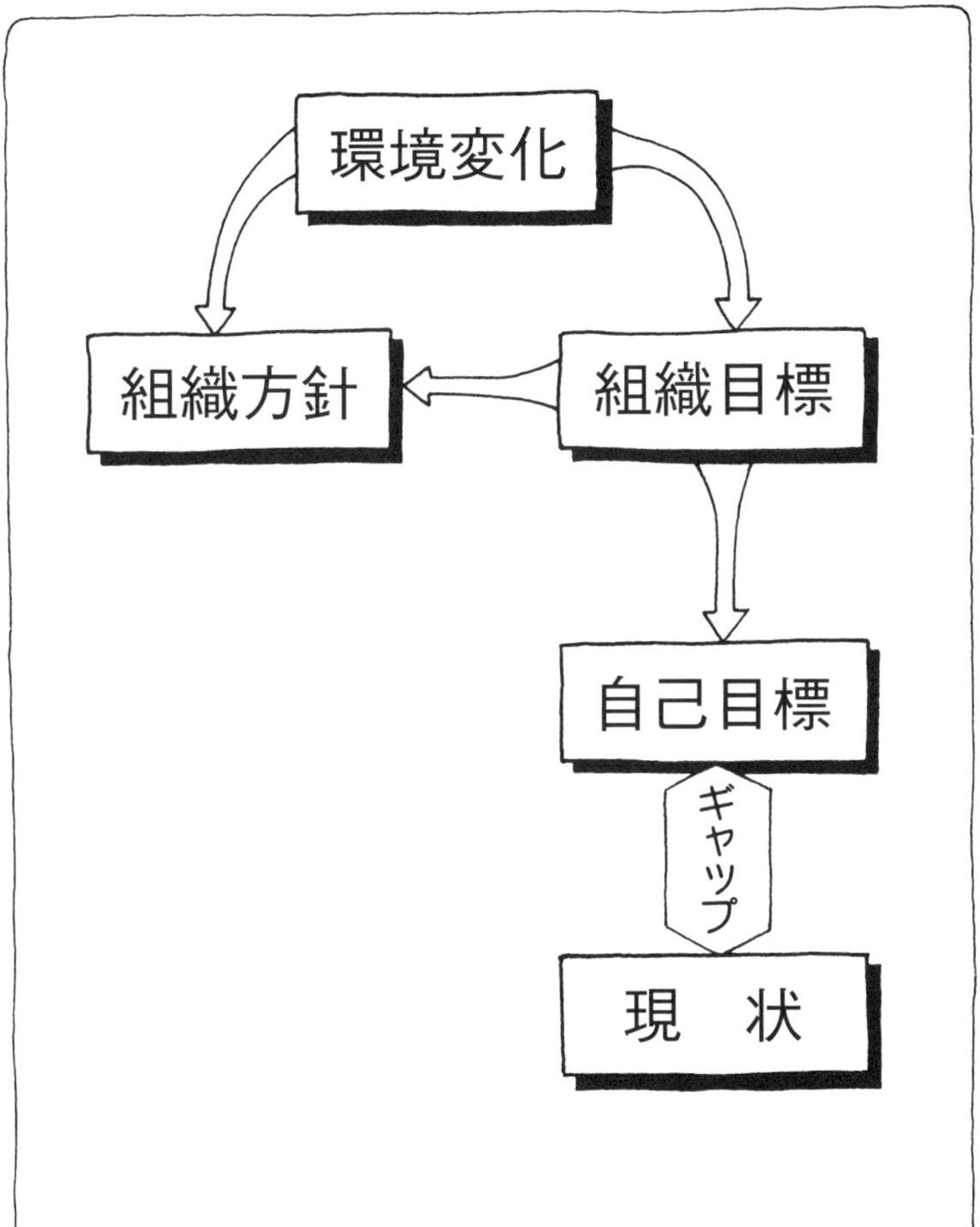
環境変化
組織方針
組織目標
自己目標
ギャップ
現　状

のギャップが問題となるわけです。環境変化によって目標が変わるために、それによって問題も変化するのです。

事業全体の目標を一般的に**組織目標**といいます。企業の例では組織目標は企業目標であり、**自己目標**は部や課などの部門目標としてとらえることができます。したがって、

環境変化によって問題が変わる

環境変化から問題が生まれる

という言い方もできるわけです。この場合、単に環境と言わずに、**環境変化**と言うところに注目してください。

ところで、環境変化というのは具体的にどんなことをさすのでしょうか。

「社内の組織が変更された」

「本社から工場へ転勤になった」

「部門予算の枠が減った」

「原料の入手が困難になった」

「画期的な新製品が開発できた」

これらの事柄は、環境変化に当てはまるでしょうか。

これは「環境」をどうとらえるかによってちがってきますが、環境を「企業をとりまく

環境」としてとらえることにすると、これらの例は、企業内部の変化を示すものであり、本書で言うところの環境変化には含まれません。

先に挙げた例のように、企業の内部事情は、後で出てくる「制約条件」です。企業をとりまく環境は、大まかに政治、経済、技術、社会、文化、自然の六つに分けて考えることができます。以下、それらの中身を検討してみましょう。

政治的環境　新しい法律ができたり、あるいは逆に、これまでの法律が廃止されたりするのは、一つの環境変化です。近年、企業の社会的責任の追及がきびしくなってきている反面、法的規制の緩和も進んできています。

不正競争を取り締まる公正取引法や独占禁止法の存在はよく知られていますが、その他、公害や製造物責任に関する法律、不当労働行為を取り締まる法律など数えあげたらきりがありません。行政指導も政治の分野に入るでしょう。

政府の産業政策、金融政策などの変化も次の経済的環境へ影響を与える政治的環境としてとらえられます。

国際情勢の変化や国際関係の変化も、政治的環境に含めて考えられるでしょう。国際的な対立や取り決めも、わが国の企業活動を規制する場合があるからです。

経済的環境　企業活動にとって、最も関係の深い環境条件です。不況、貿易摩擦、金融

環境変化から問題が生まれる

緩和、デフレなど国民経済のレベルで考えると政治と経済は一体となりますが、一企業のレベルでとらえると、経済的環境を別に取り上げたほうがよいでしょう。業種別の市場動向によって、需要予測や販売予測は変化し、目標や方針に影響を与えます。他社の参入によって市場占拠率も変わってきます。製品～市場の変化は問題の発生に大きく影響します。

経済のグローバリゼーションに伴う世界的なサプライチェーンの変化、原油価格の変動、為替相場（通貨の交換レート）の変動などもあります。

業容や業態の変化、市場規模の変化なども経済的環境に含められるでしょう。公企業の民営化や異種分野への進出、企業の合併や分割など、目まぐるしい変化が起きています。また、国民の立場では、経済格差が拡大する傾向があります。

技術的環境　農業や漁業などのように、従来技術的進歩とはかかわりの薄かった分野でも、バイオテクノロジーや人工養殖技術・デジタル化の発達によって大きな変化が生まれてきています。

工業の分野での技術革新はめざましいものがあります。工業技術の発展を促したものに、通信と交通の発達があります。ＩＴ技術やエレクトロニクス、新素材の開発などがそのベースとなっています。新技術の開発によって、これまでの産業構造が大きく様変わりし、それによって次の社会的環境の変化につながる労働者の社会移動が促進されてきました。

社会的環境　ロボット技術の向上やＡＩ（人工知能）の活用によって、労働集約的な産業は順次合理化が進みつつあります。あるいは、それによって外国への直接投資も増えるでしょう。

わが国の人口構成は少子高齢化によって大きく変化しています。さらに定職に就かないフリーターやパートタイマーや非正規社員の割合が増加し、それがまた労働組織率（労働組合に加入する割合）の低下をもたらしています。更にパンデミックをきっかけとして、テレワーク（在宅勤務）などの勤務形態にも変化が生じてきました。

このような産業構造や勤務形態の変化によって労働者（生産者）の社会移動が起こってきます。これまでのように、特定の企業に一生勤めるという慣習は、次の文化的環境の変化とも絡んで、次第に少なくなると思われます。

社会的環境を消費者の次元でとらえてみると、欠陥商品の糾弾などのコンシューマリズムの台頭があります。同じように、住民パワーの出現によって、工場やビルの建設などに支障が起こったりします。消費者や地域住民との調和を図っていかないと経営がむずかしい時代です。

文化的環境　人々のライフスタイルも変化してきました。消費もレジャーとかカルチャーとか無形のものに対する支出が増えてきました。したがって、ＧＤＰ（国内総生産）に占める割合も、第一次、第二次産業よりも第三次産業（サービス業）が増え、逆転してしまいました。

価値観の変化は、従業員や職員の労働観や職業観の変化としてとらえることができると同時に、製品やサービスを購入する消費者の消費観や貯蓄観の変化としてもとらえられます。

自然的環境　大量生産、大量消費、大量廃棄の時代から汚染防止、省資源、リサイクルなどの自然環境保護が重要視される時代になりました。国連などの国際機関や民間のNPOなどが規制に乗り出し、監視もきびしくなってきました。自然環境を破壊したり、生態系に悪影響を与えるような行為は国際的な非難を浴びたり、マスコミの批判を浴び、消費者の不買運動や住民の排斥運動に発展したりします。他方、気候変動、自然災害、パンデミックなどにより経営リスクも増加しています。

3 方針は目標達成の方法論

「目標と方針のちがいを述べてください」

この質問に正確に答えられる人は非常に少ないと言えます。多くの人は**目標**と**方針**の区別ができません。

次のものが目標か、方針か、答えてみてください。

「売上一〇〇億円を達成する」

「採算割れする営業はしない」

「製品別事業部制を採用する」

「少数精鋭主義でゆく」

「マーケットシェアを五%上げる」

この五つの例で「目標」に当たるのが最初と最後で、中間の三つは「方針」に当たります。これらは比較的わかりやすい例です。ところが、

「A製品の売上を伸ばす」ということになると、目標とも方針ともとれます。

よくまちがう例は、

「今期の方針は売上一〇〇億円の目標を必達することである」というものです。これがなぜおかしいかというと、これでは目標と方針が同じになってしまうからです。

方針という言葉は、英語ではポリシーと言います。ところが、このポリシーという言葉は日本語で政策とも訳されます。これでもおわかりのように、方針と政策は同じものです。

ただし、日常的に使われるケースとしては、きわめて抽象的なスローガン的方針があった

り、社是社訓のような理念的方針があったりします。

「全社一丸となって目標を達成しよう」

「明るい職場、親切な顧客サービス」

「創造的で活力ある職場づくり」

このような例を「方針」としている企業もあるかもしれませんが、これらは、**スローガン**（掛け声）であって正確には方針とは言えません。

「知恵のある奴は知恵を出せ！

知恵のない奴は汗を出せ！

知恵も汗も出ない奴は会社を去れ！」

このような督励型の文句はわが国の企業では得意とするところです。これは**心構え**であって方針とは言えないでしょう。大まかに分類すれば、ここで挙げたような例に近い性格のものを**理念型方針**と呼ぶとするならば、

「一〇〇億円の利益を確保するために、取引先を選別して不良債権を一掃する」

「販売店のチェーン化を図って、マーケットシェアを向上させる」

などと、目標達成のための具体的指針を示したものを、**施策型方針**と呼ぶことができます。

目標と方針の関係を、次ページの図で説明してみましょう。

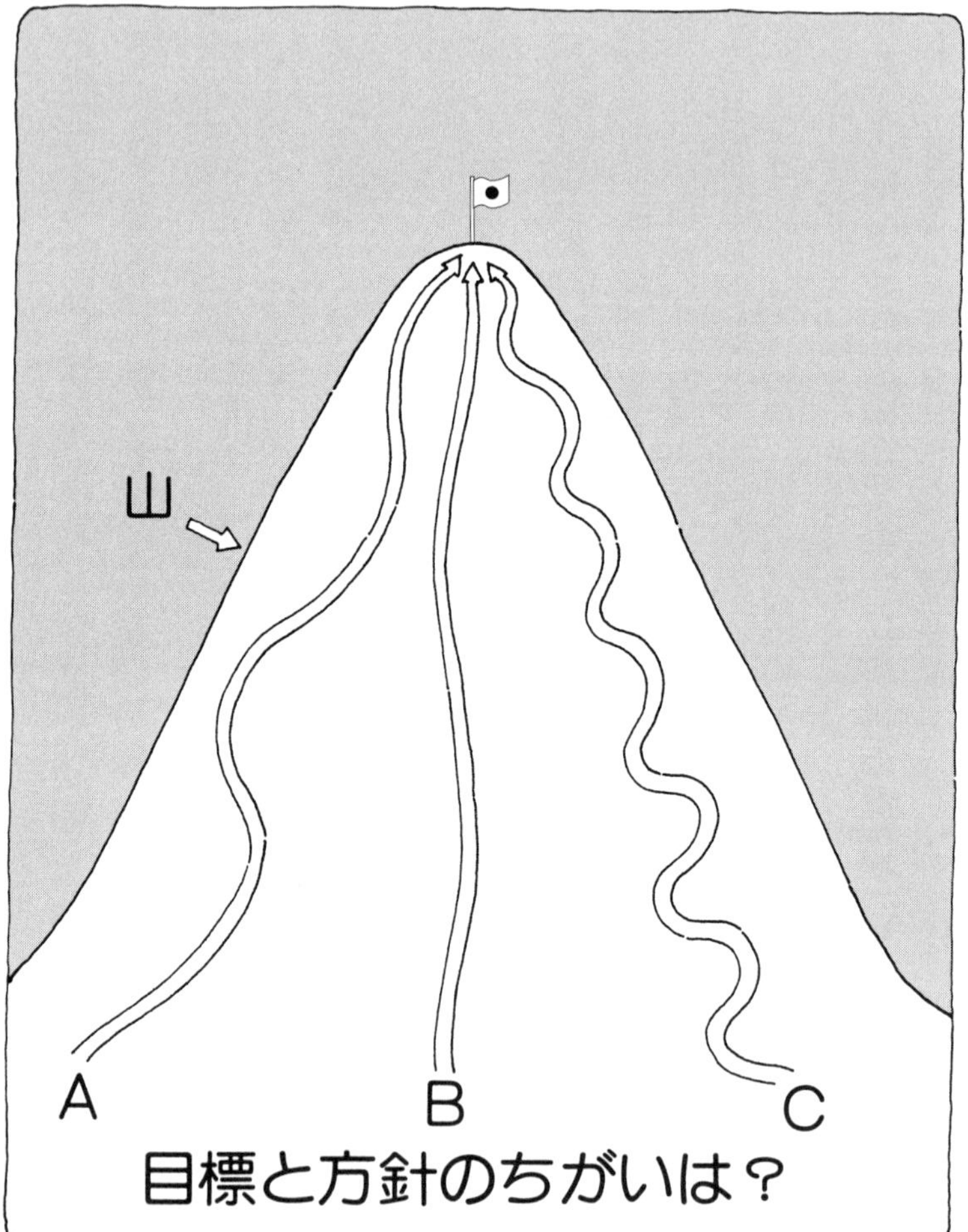
山
A
B
C
目標と方針のちがいは？

「山の頂上に登るのに三本の道がある。頂上に登って日章旗を立てるには、どの道を通ったらよいか」というケースです。

あるチームは、「時間はかかるが、なだらかで安全なAの道」を選ぶとします。同じように、「直線コースで険しいBの道」にチャレンジしてみようというチーム、「七折れ式だが、比較的らくに登れそうなCの道」を選ぶチームもあるでしょう。

このように「山頂に登って旗を立てる」という**目標**は同じであっても、そこへ至る道がいろいろあり、「どの道を通って山頂に達するか」というのが、**方針**のちがいです。したがって、方針とは、

目標を達成するための方法論である

といえます。方法論というのは、具体的な考え方、やり方という意味です。このことは方針を政策と言い換えてみるとよくわかります。政策というのは、目標を達成するための方法です。当然、具体性がなければなりません。

目標と方針に関連のある言葉に、**目的**と**理念**があります。最も大きなちがいは、目的も理念も永続的なものであるのに対して、目標と方針は年度ごとに変わる点です。

「今年度の目標、今年度の方針」ということになります。四者のちがいをまとめてみましょう。

目標達成の方法が方針である

目的　どのような社会的使命あるいは社会的機能を果たそうとして活動しているか、という事業体の存在理由を意味しています。企業の場合は、具体的には、会社の定款に記載されています。

理念　創業者あるいは経営者の理想とする主体的な経営のあり方を述べています。「和を以って貴しとなす」式の社是社訓は、その典型です。

目標　達成すべき事柄、到達すべきレベルを示したものです。目標は、目的を今年度どの程度達成するかを数量的に示したものと言えます。

方針　今年度の目標を達成するために、今年度どのような施策を取るか、その考え方、やり方を示したものです。目標達成の具体的方法論を言います。

現実には、このようなはっきりした区別がなされているとはかぎりません。会社によっては、**基本方針**と**年度方針**を使い分けしているところもあります。このような場合には、前者はここで言う**理念**と考えてよいでしょう。

経営者や管理者の重要な任務は、設定された目標に対する方針を具体的に明確に示すことです。目標（ノルマ）だけ与えて、あとは督励だけというのはいただけません。もともと、目標と方針はワンセットで示されるべきものです。目標だけ示して具体的方針を出せない経営者や管理者はその任にふさわしくないと言ってよいでしょう。

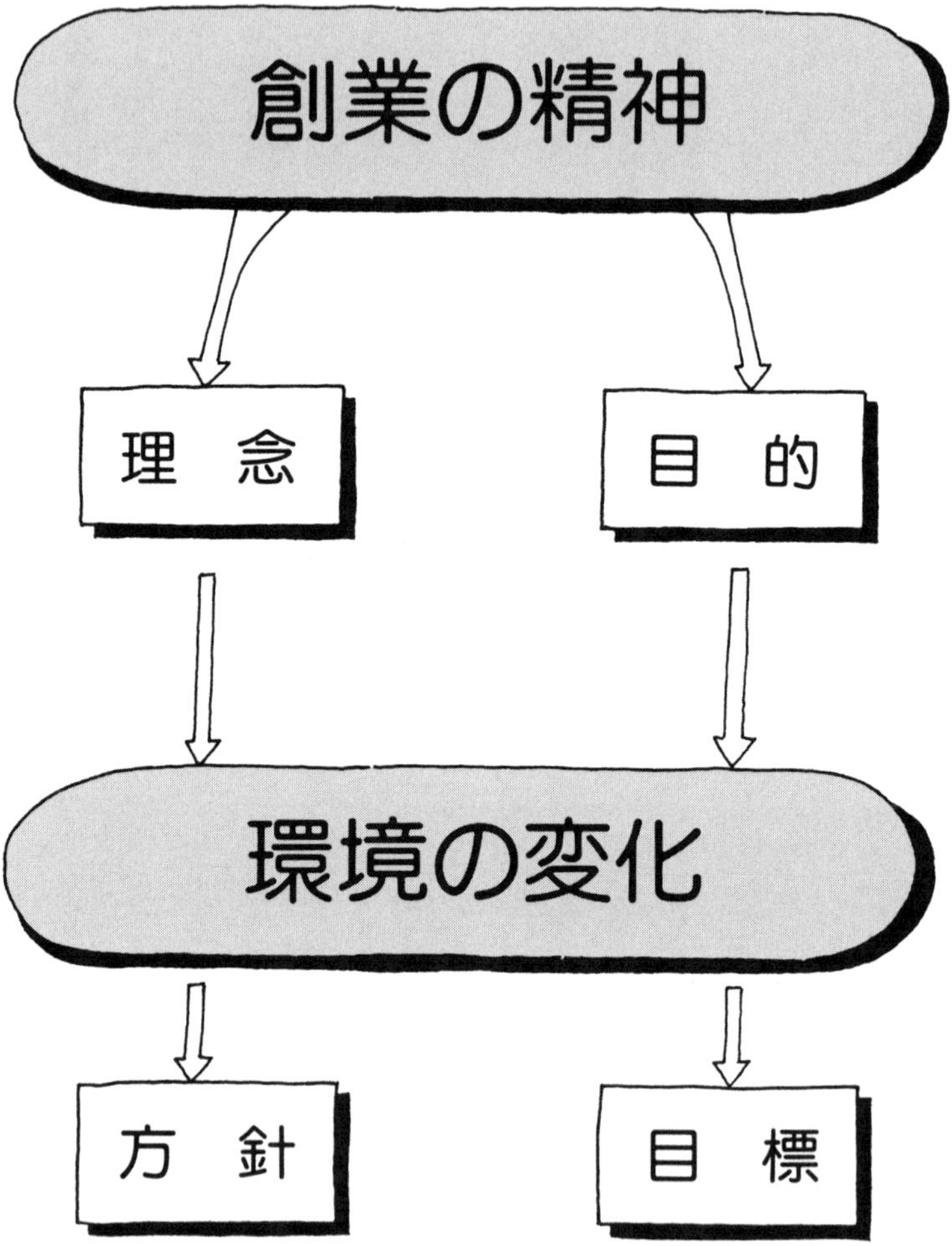
創業の精神
理　念
目　的
環境の変化
方　針
目　標

4 目標を具体的な課題とする

目標と方針のちがいについては前節で述べたとおりです。方針は目標を達成するときの考え方、やり方、すなわちガイドラインです。方針に沿って手段を考え、活動すれば目標が達成できるはずですが、予定どおりうまくいかないときに問題が生じます。

目標には、ゴールとターゲットがあることは先にもふれました。**ゴール**というのは最終目標です。それに対して、**ターゲット**のほうは、当面の目標あるいは個別具体目標を言います。

もともとターゲットというのは、弓を射るときの的ですから、ターゲットを決めるとは、ネライやマトを絞るという意味になります。ところが、ゴールのほうは、マラソンのゴールのように、最終到達点を意味しています。ちょうど富士山に登るときに、頂上がゴールに当たるとすれば、途中に八合目地点があり、その前に六合目地点があります。あるチームが六合目をめざして登攀を開始するとすれば、当面の目標は六合目ですから、これがターゲットになります。

目標のレベルを、上位目標→中位目標→下位目標としてとらえると、上位目標がゴール

目標にはゴールとターゲットがある

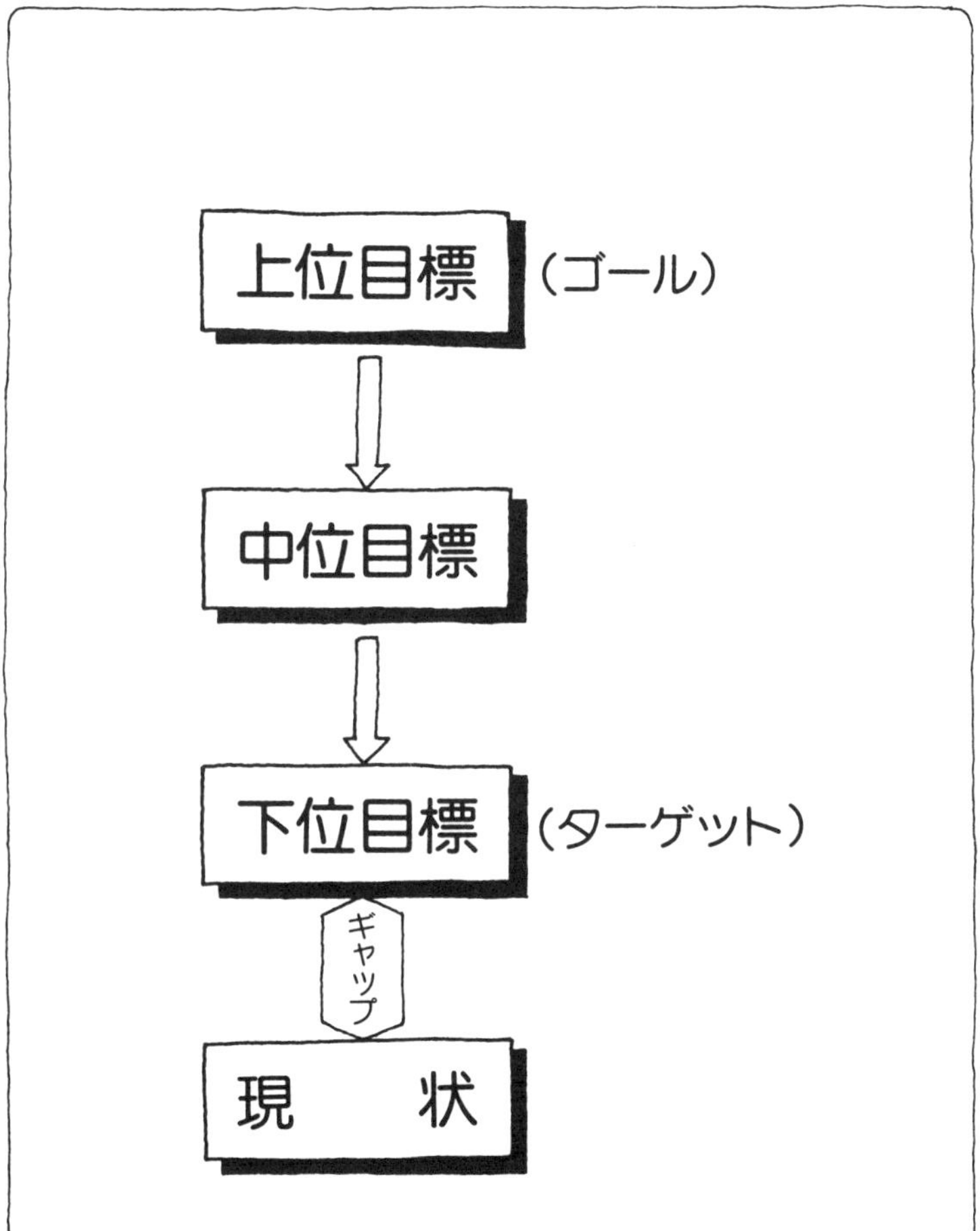
上位目標
（ゴール）
中位目標
下位目標
（ターゲット）
ギャップ
現　状

になり、下位目標がターゲットになります。この場合、矢印が上から下へ向いて降りてくるかたちをとります。これを**目標のブレークダウン**と言います。

「全社売上目標を各支社に割り当てる」
「部目標を課単位に割り当てる」

という言い方をする場合もあります。

計画の段階では、このように目標は上から下へブレークダウンされるのですが、目標達成の活動では、逆に下から上への業績の積み上げとなって、最終ゴールが達成されます。

ゴールとターゲットは、その立場によって異なります。課長の立場で考えれば、課の達成目標をゴールと考え、それに至るまでの下位目標をターゲットとしてとらえることができます。しかし、一般的には、組織目標をゴールとしてとらえ、部長の立場で考える場合は、ターゲットは部目標となり、係長の立場で考える場合は、ターゲットは係の目標となります。そして先にも述べたように、下位目標であるターゲットが「自己目標」となり、現状とのギャップが「問題」となるのです。したがって、問題解決というのは、

ターゲットを達成することによって、最終的にはゴールに到達することである

と言うことができます。

営業部門のように達成数字（ノルマ）が明確に与えられている場合と、事務部門や管理

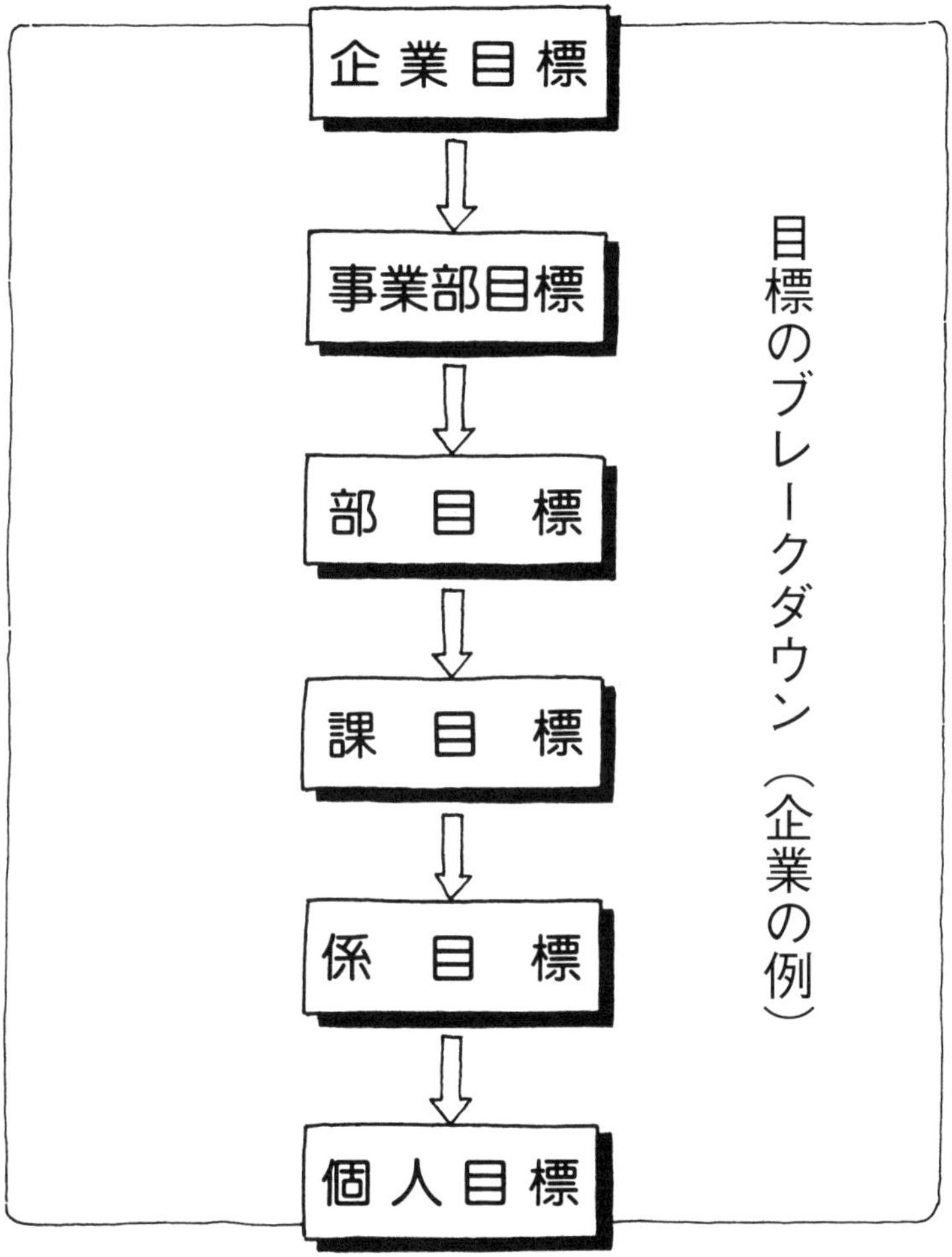
企業目標
事業部目標
部目標
課目標
係目標
個人目標
目標のブレークダウン（企業の例）

部門（サービス・スタッフ）のように数値的な目標がはっきりしない場合がありますが、ゴールやターゲットがよくわからないときは、職務上の目標は何かと考えてみます。

「営業所で必要とする情報を迅速に提供する」というのが職務上の目標である場合には、「迅速な情報提供」が部門としてのゴールであり、その情報にA、B、C三種類の個別情報があるとすれば、それらがターゲットです。

仮に三つのターゲットの中で、A情報とC情報については、現状との間にギャップがなく順調に情報提供がなされているが、B情報だけはうまく現場に流れないという現状があるとすれば、問題は「B情報が迅速に提供されていないこと」となります。

本節のテーマは、「目標を具体的な課題とすること」となっていますが、課題というのは「達成すべく課せられた事柄」ですから、ここで言うターゲットに相当します。手を打つべき「問題点」が課題へ変換されるのです。

しかし、現実には具体的であるべき課題が、きわめて抽象的にしか示されない場合もあります。たとえば、

「○○事業部の業績を立て直す」

「△△営業所の債権を確保する」

などという場合です。このような場合は、「業績の立て直し」や「債権確保」をゴールと

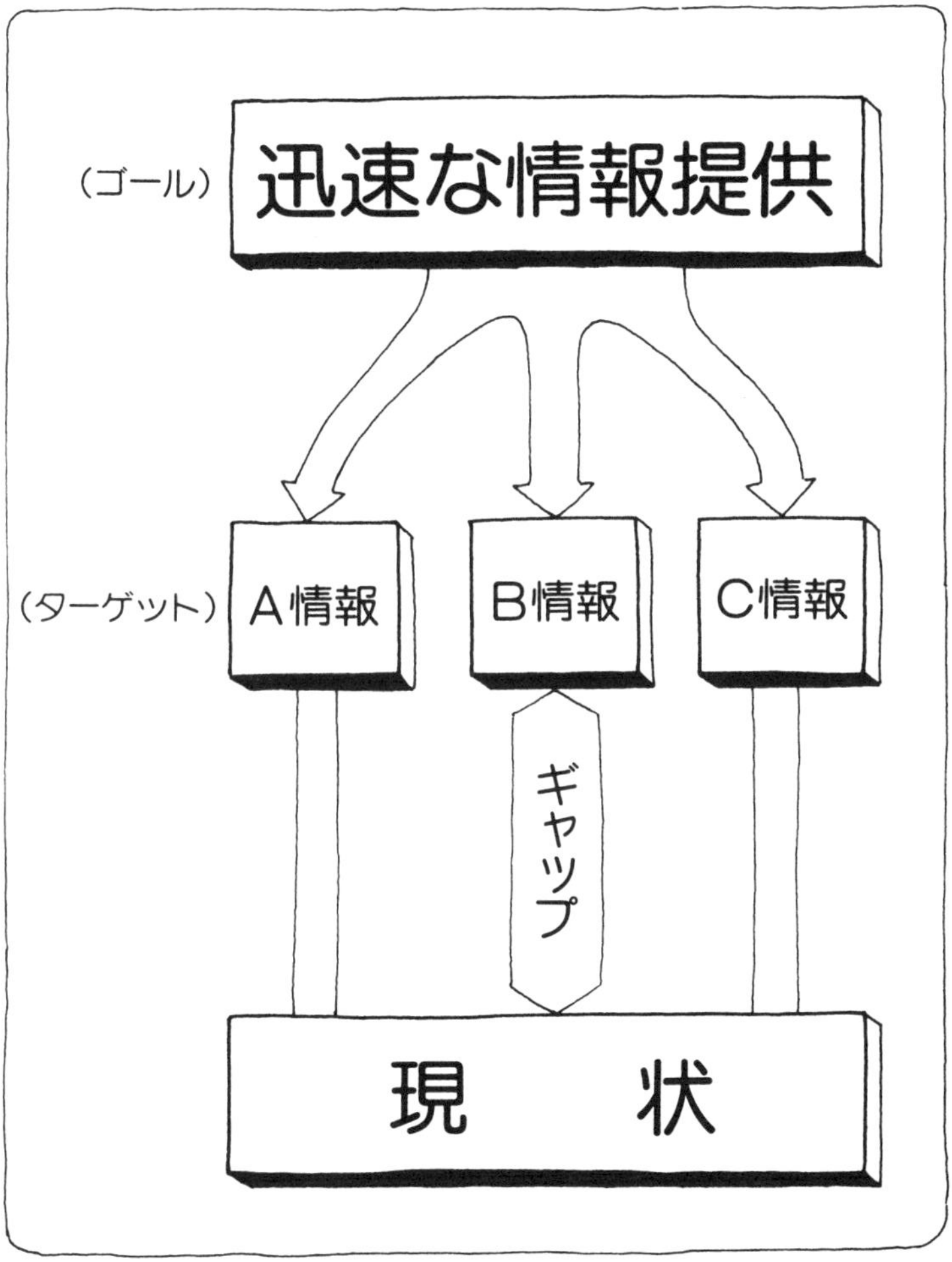
（ゴール）
迅速な情報提供
（ターゲット）
A情報
B情報
C情報
ギャップ
現　状

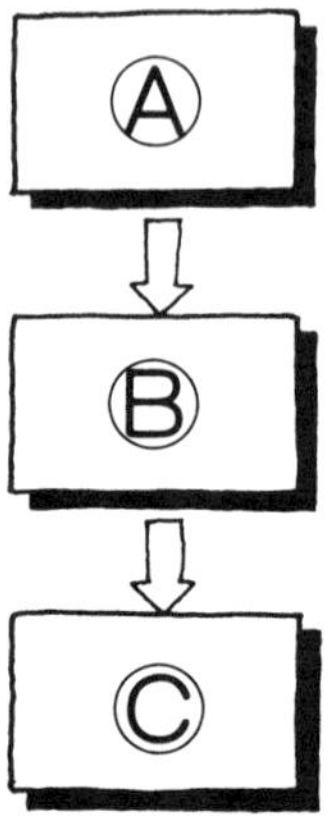

直列型の目標体系
（ターゲットは1つ）

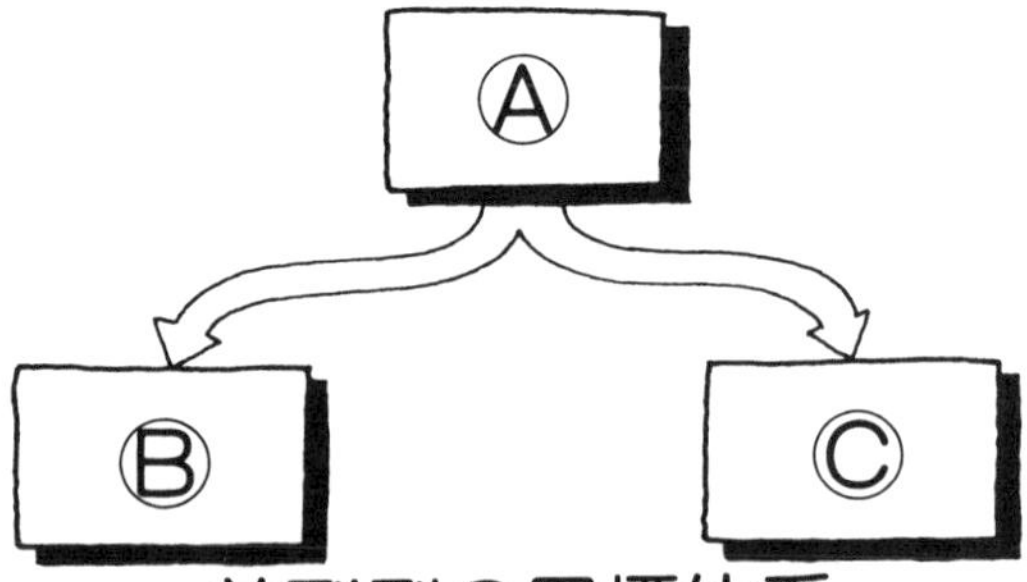

並列型の目標体系
（ターゲットが2つある）

して、いかなる手順でゴールに達することができるかを考えてみます。目標の達成可能なレベルにまで具体化できなければ〝絵にかいた餅〟になってしまいます。

課題達成のためには、その前に課題設定が適切にできなければなりません。問題点が解明され、具体的なターゲットが設定されて、はじめて問題解決が可能になるのです。

ゴールからターゲットに至る課題達成のステップを考えること。これを**目標の体系化**と言います。目標の体系（ゴール・サブシステムズ）には、基本的に二通りあります。

直列型の目標体系　ゴールからターゲットまでのいくつかのステップが一直線で結ばれている場合です。ターゲットはⒸ一つです。

並列型の目標体系　ゴールが最終的に複数のターゲットに枝分かれしている場合です。複数のターゲットを同時に達成しなければゴールも達成されません。ターゲットがⒷとⒸの二つあるため、現状とのギャップも二つ考えられ、問題のとらえ方が複雑になります。

5　課題達成の手段と活動

何事も目標を達成しようと思えば、手段が必要になります。目標と手段の関係の例を挙げてみましょう。

① タバコを買う（目標）→お金を払う（手段）

② 安全記録の達成（目標）→安全組織の編成（手段）

③ 料理をつくる（目標）→材料を仕入れる（手段）

④ 新製品の開発（目標）→新技術の導入（手段）

①の例はカネが手段になっています。②の例はヒトが、③の例はモノが、④の例は情報がそれぞれ手段になっています。

一般に、**ヒト**、**モノ**、**カネ**、**情報**の四つの要素を「経営資源」と言います。ヒトは人的資源、モノは物的資源です。組織、集団、チームも人的資源の変形です。原材料、資材、設備、建物、車輛、商品なども物的資源に含まれます。

その他、資本、資金、費用、予算などはカネの具体例です。カネは金融資源です。さらに、情報には、技術情報、市場情報、商品知識などがあります。技術の本質は、ヒトでもモノでもなく情報です。たとえば、特許、ノウハウの内容は情報です。これらは情報資源と呼ばれます。

一九七〇年頃までは、ヒト、モノ、カネの三要素だけを経営資源と呼んでいましたが、現在はこれに情報を加えています。情報は経営の資源であるという認識は、これからますます重要になってきます。ある技術を導入して、一〇〇人の人間が不要になるとすれば、技術と人間は、ある意味では互換性があると考えられます。ヒトが資源であれば、技術も資源としてとらえることができるわけです。

では、時間は経営の資源とは言えないでしょうか。これはイエスともノーとも言えます。時間をマンアワーとしてとらえるならば、イエスとなります。しかしながら、マンアワーというのは、必要な労働量を得るために、単位時間と人数を掛けたものですから、時間というよりも人的資源としてとらえたほうが適切です。

時間というのは、誰にでも等しく与えられている条件であって、資源ではなく、資源を活用する際の「制約条件」と考えるべきです。具体的には、期間、期日、期限、納期というかたちをとります。しかし、市販の書物などで、もののたとえとして「資源としての時間」などという言い方をしたりするので誤解されやすいのです。

資源という言葉も、使い方がいろいろあって、ある業界では市場や顧客のことを資源と言ったりします。この場合は「資源を掘り起こす」と言うと、市場開拓の意味です。本書では、このような使い方をしないので注意してください。

資源というのはもともとある目的を達成するために必要なもの、すなわち手段です。食料、木材、石油などの天然資源は、人間の生活に必要な手段です。同じように、ヒト、モノ、カネ、情報は、経営目標を達成するための手段と考えられるので、これを経営資源というわけです。

マネジメントとは、これらの資源を調達して、それらを合理的に組み合わせて目標を達成する過程であると考えることができます。あるいは、このことを「経営資源の有効活用」と言ったり、少しむずかしい表現では「資源配分」と言ったりします。英語では、アロケーションと言います。

経営の資源というのは、経営の要素ということでもあり、これらの要素を上手に、むだなく組み合わせて活動すれば、効率の良い、効果的な経営ができるわけです。ただし、いかなる場合も、これらの資源は有限であり、したがってマネジメントが上手か下手かで結果に差が生じます。

AとBという二つの会社があるとします。双方とも経営資源は互角であるとするならば、数年経って成果に大きく差が出た場合、その理由は資源の有効活用の差、すなわちアロケーションの仕方によるものであるということになります。これをマネジメントの差としてとらえることができるわけです。

マネジメント・プロセスにおける資源の有効活用というのは、経営活動そのものにほかなりません。経営活動は、ヒトが中心になるので、他の要素であるモノ、カネ、情報はヒ

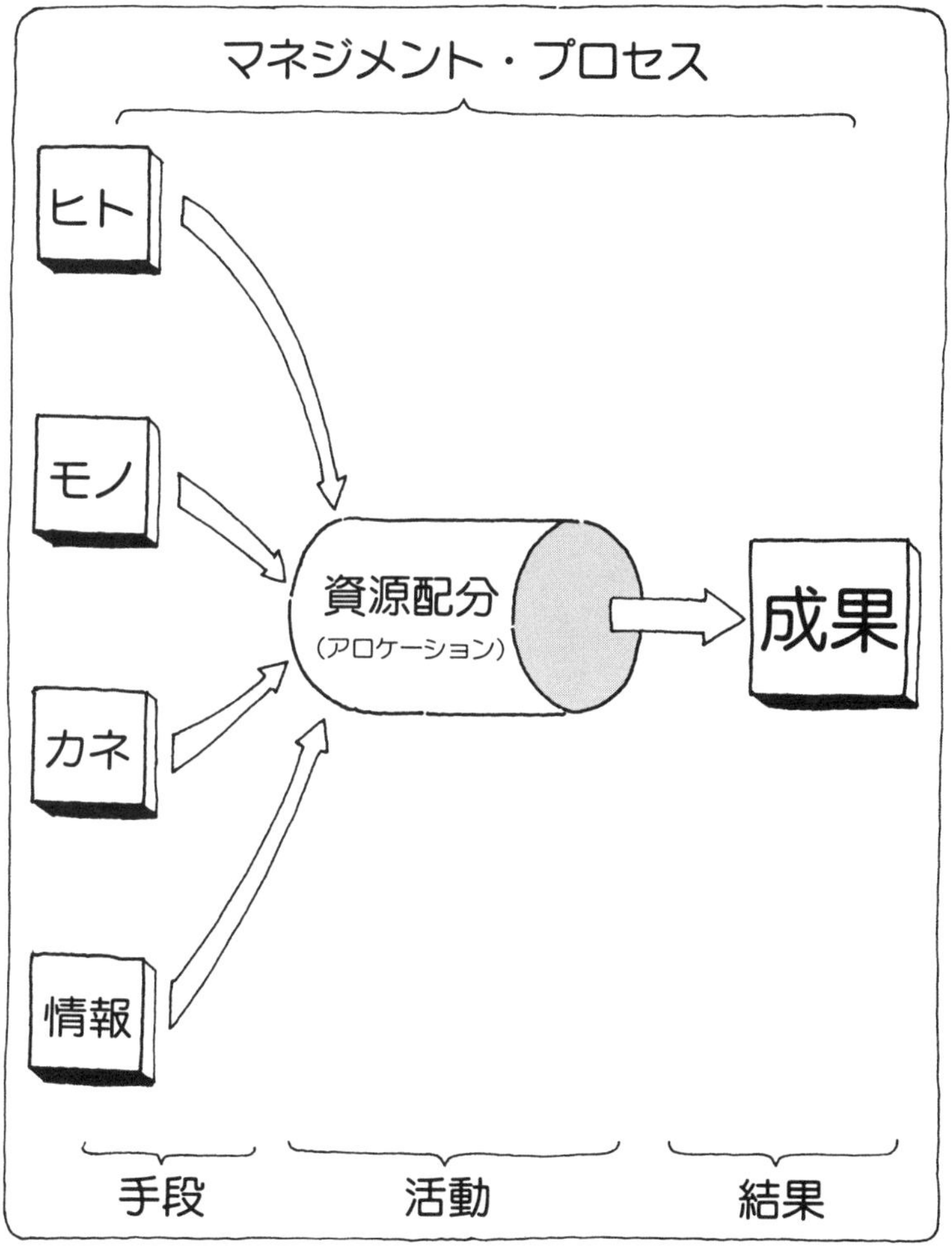
マネジメント・プロセス
ヒト
モノ
カネ
情報
資源配分
(アロケーション)
成果
手段
活動
結果

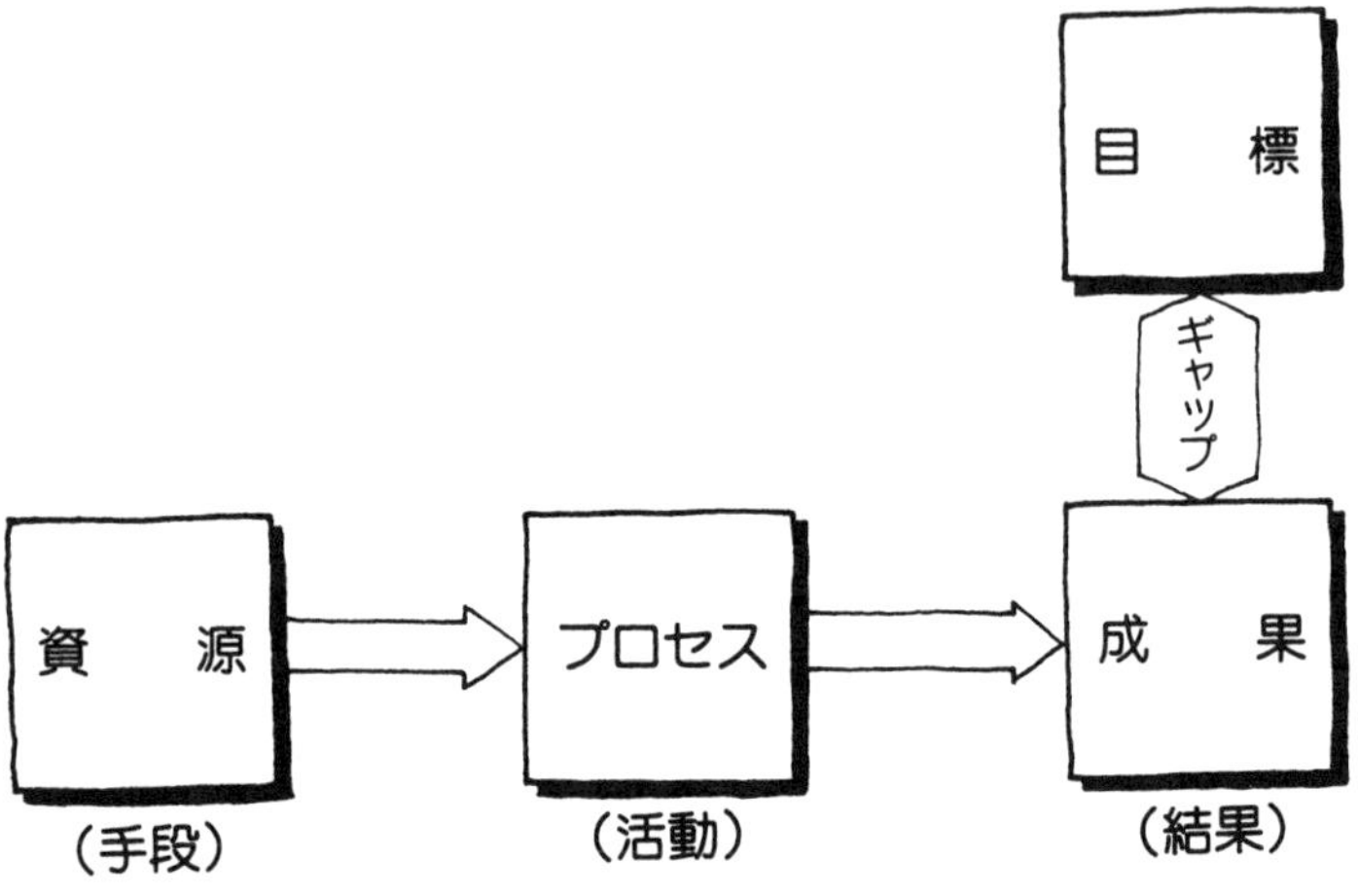

トに割りつけられ、これらの要素の組み合わせいかんによって、いわゆるムダ、ムリ、ムラなどの生産性阻害要因が生じます。

問題は目標と現状とのギャップですが、**現状は、過去の活動の結果である**と言えます。そして、活動は資源の投入によって行われます。ヒト、モノ、カネ、情報を投入して活動を行い、その結果として現状があるわけです。たとえば、あなたの現在の姿というのは、あなたのこれまでの人生における活動の結果であるとは言えないでしょうか。

〝アリとキリギリス〟の寓話ではありませんが、老後の生活が実りあるものになるか否かは、若いときの努力と知恵の結果であるといえるでしょう。人生における成功と失敗の基準は、「自分の目標に到達できたか」、「自分

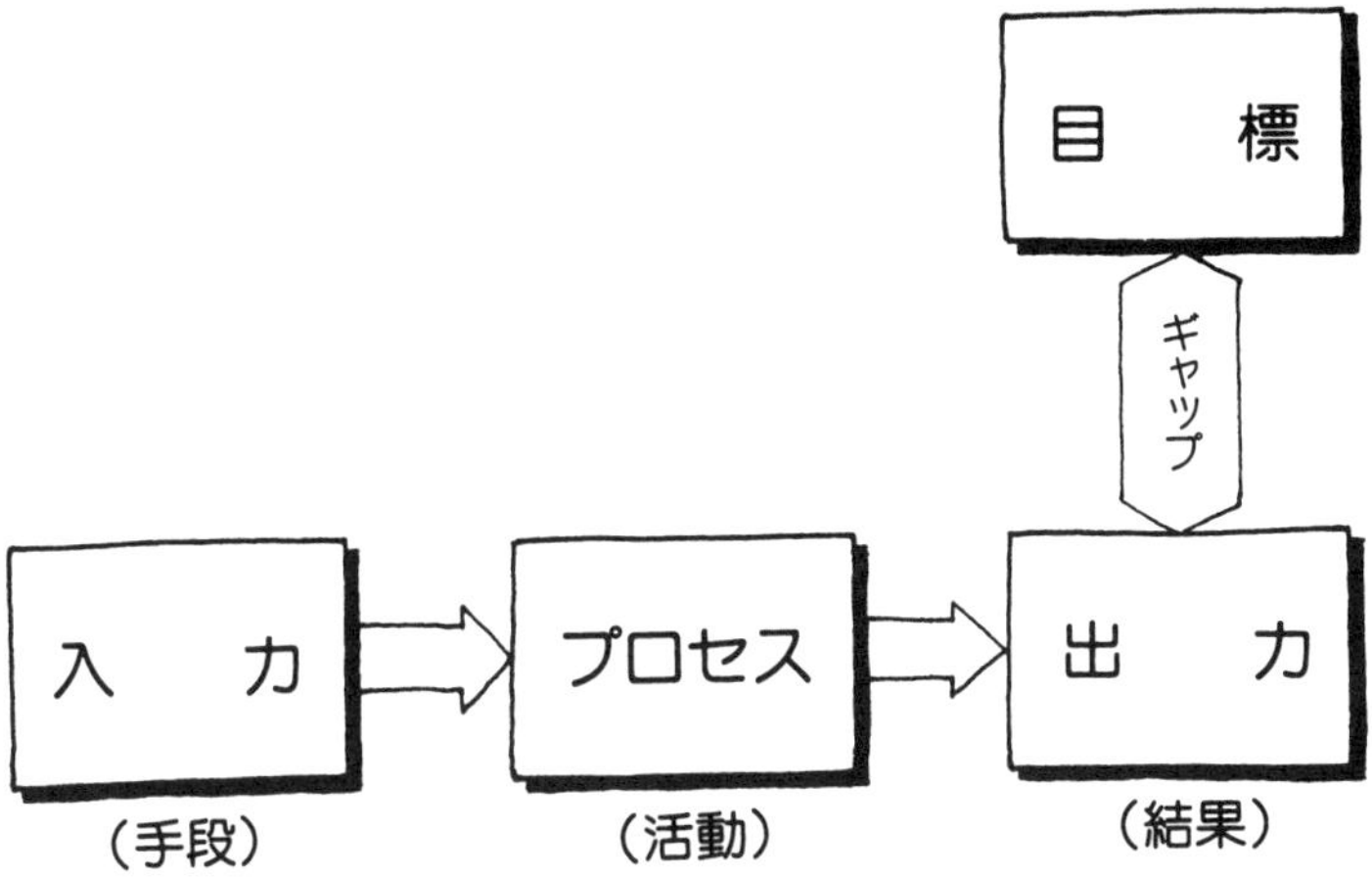

の課題を達成したか」で判定できます。目標や課題は人によって異なるので、当然ながら問題も異なり、問題解決の仕方もちがってきます。

以上の事柄をシステム用語を用いて簡潔に表わすと、手段すなわち資源の投入は**入力**として、経営活動は**プロセス**として、その成果である現状は**出力**としてとらえることができます。したがって、目標と現状のギャップは**目標と出力のギャップ**と表現することもできます。

ついでながら、経営活動を評価する場合の効率性と有効性という言葉の意味について触れておきます。

効率性　入力と出力の比較を表わす言葉です。入力のわりに出力が大きければ「効率が

現状は過去の活動の結果である

良い」、あるいは「高い」と言います。資源を投入したわりに成果が高くない場合は、効率が悪いのです。効率は能率とも呼ばれます。英語ではエフィシェンシィと言います。

有効性　目標をどの程度達したか、目標達成にどれだけ貢献したかを言います。効率が悪くても目標達成度が高い場合もあるので、効率性と有効性は一致するとはかぎりません。英語ではエフェクティブネスと言います。

生産性（プロダクティビリティ）は効率性と有効性の両方を含むと考えるのが正しいでしょう。効率性も有効性も、プロセスすなわち活動の仕方によって差が生じる点は同じです。

6 課題達成を妨げる条件

これまで条件という言葉をたびたび使いましたが、ここであらためて条件について考えてみましょう。

「朝から雨が降っている。雨具を持って出よう」
「今朝は曇りである。雨具を持って出よう」
「今朝の天気予報では午後から雨になるという。雨具を持って出よう」

この三つの例について考えてみましょう。

最初の例で「雨が降っている」というのは客観的な事実です。次の例は「曇っている」のは事実ですが、後になって「雨が降る」かどうかはわかりません。最後の例は、二番目よりは可能性が高いかもしれませんが、「雨が降る」かどうかは、やはり不確定です。

最初は明らかに「雨が降っている」という事実が「雨具を持って出る」ことの条件となっています。後の二つは、予測が条件となっている例です。二番目の例は主観的予測（予想）であり、最後の例は客観的予測であると言えます。このように通常私たちは、環境変化に関する予測をも一つの事実前提とみなしています。

これらの例でもおわかりのように、私たちがある行動を起こす場合には、なんらかの条件の存在が前提となります。もしこのような条件を考えないとすれば、

「雨が降っても降らなくても、雨具を持って出る」

「雨が降ろうが降るまいが、雨具は持って出ない」

のいずれかの行動となってしまうでしょう。個人の問題の場合は、本人が頑固であろうが偏屈であろうが勝手ですが、経営の場では、このような無謀は許されません。きめこまかく、状況変化にマッチしたやり方が必要です。

一例を挙げるならば、気候の変化という条件に無関係に冷暖房機器を生産したらどのよ

うな事態を生むでしょうか。生産過剰で在庫の山ができてしまうか、反対に売れるときに売る商品が品切れになりかねないでしょう。

このように、条件によってとるべき行動を変えるのが普通であって、これをより的確に行うためにこそ「状況思考」が必要になるのです。一般に条件と言われるものには二通りあります。

成立条件　ある事柄が成立するために必要な条件です。たとえば、契約に要する条件、犯罪を構成する条件、経営計画の設定条件などです。

制約条件　ある事柄を妨げる条件です。何かをやろうとする場合に、制約となる事実を言います。制約条件があるために、思うように目標が達成できません。

問題解決においては、成立条件よりも制約条件が重要な役割を演じます。成立条件もその後のプロセス（活動）を制約する場合があり、制約条件に転化することがあります。制約条件が存在すれば、行動の選択に制約を受け、結果として、問題が起こるとすれば、

制約条件は問題発生の間接的な原因である

と考えることができるでしょう。

この場合、大事なのは、条件というのは**客観的に存在する事実**でなければならず、推測は不可です。

課題達成を妨げている条件は何か

「雨が降るかもしれないから、雨具を持って出よう」

この例では、「雨が降るかもしれない」というのは自分の推測であって、客観的事実とは言いがたいので制約条件とは呼べません。

ところが、天気予報で「今日の午後は雨が降るでしょう」ということになると、自分の主観的な推測ではなく、気象庁というしかるべき権威のある機関の判断です。だから、「客観的事実」とみなしてもよいのです。同じように、政府や専門機関が公表する統計資料や予測データも客観性をもつと考えられるので、経営計画を立てる場合の制約条件となります。

私たちが問題解決を行う場合に状況思考が大切であるというときの状況というのは、じつは制約条件を意味していると言ってよいのです。わかりやすく言えば、制約条件とは、問題解決者が「どんな状況に置かれているか」、あるいは「どんな事情を抱えているか」ということです。

この制約条件が問題の発生にとってどんな働きをするかについて考えてみましょう。

① 問題は目標と現状のギャップである

② 現状は過去の活動の結果（出力）である

③ 活動は入力によって引き起こされ、出力に至るプロセスである

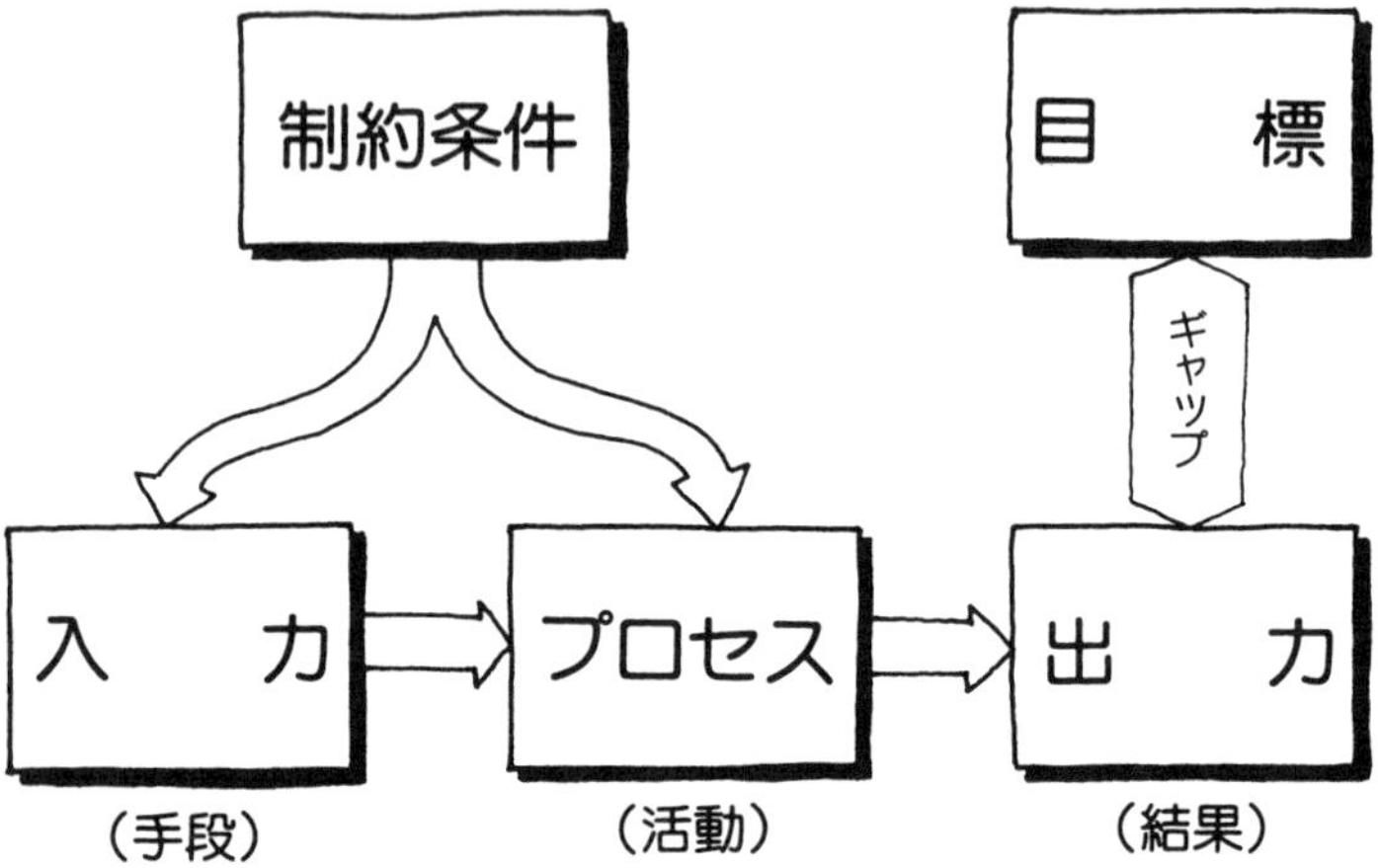

④　入力は目標を達成するための手段である

問題発生に至るこの流れの中で、制約条件は、

①　**入力（手段）を制限する**

②　**プロセス（活動）を制約する**

という二つの働きをします。

「資金が一〇億円しか調達できない」

「募集しても人が集まらない」

「原材料の入手が困難になった」

「特許の壁があって、新技術を導入できない」

これらの例は、入力（手段）に対する制約条件の影響を示しています。

「本社と工場が離れていて調整に手間どる」

「労働協定によって必要な残業ができない」

「納期がきついので徹夜作業をしてしまっ

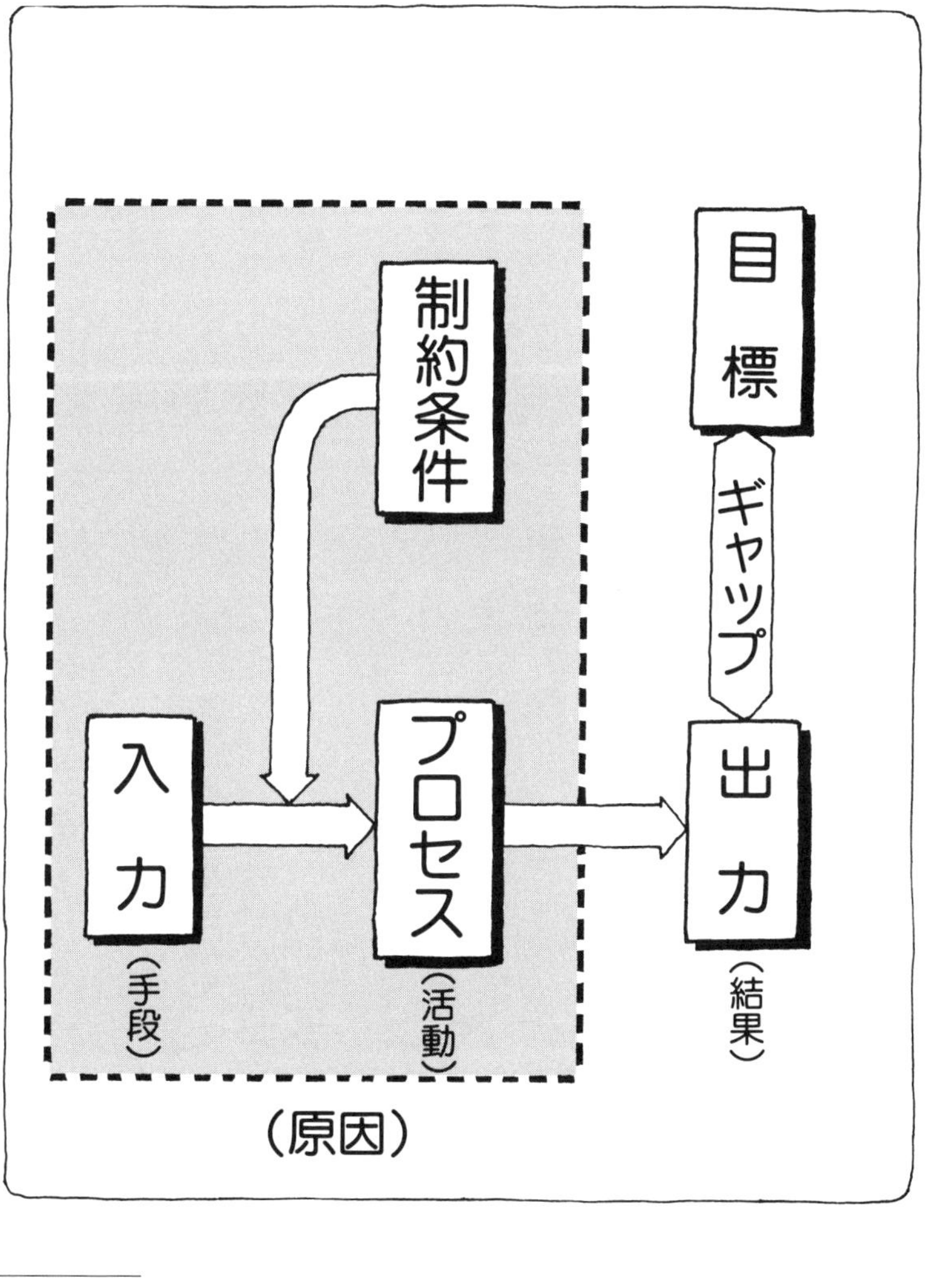
制約条件
目標
ギャップ
入力
（手段）
プロセス
（活動）
出力
（結果）
（原因）

た」

「車輌不足で思うような営業活動ができない」

これらの例は、プロセス（活動）に対する制約条件の影響を示しています。

このように制約条件は、入力とプロセスの両方に影響を与えます。また、同じ制約条件が入力とプロセスの両方に影響するケースもあります。たとえば「会社の知名度が低い」という条件がある場合には、資金調達という入力にも、販売活動というプロセスにも制約となるでしょう。これを図式化した場合は、入力とプロセスの中間に矢印を挿入するかたちをとります。それによって両方に関係があることを示します。

もし制約条件がまったくなく、「いくらお金を使ってもよい」、「いくら人を連れてきてもよい」、というのであれば、たいていの問題は問題にならないと言ってもよいでしょう。

2章で述べた「氷山と船」の例を思い出してください。航路上に氷山が存在していても、時間と燃料にゆとりがあれば、ゆっくり迂回して目標地点に到達できます。しかし、時間と燃料に大きな制約があれば問題解決は困難になります。目標（課題）を達成しようとする際にさまざまな制約条件があるために、問題が起こりやすくなるということが、おわかりいただけたでしょうか。

4 問題点を挙げる

1 見える障害と見えない障害

問題には、見える問題と見えない問題があると述べましたが、問題の原因にも、見えるものと見えないものがあります。

次ページの図を見てください。上図は、原料を投入し、製造工程を経て製品となる流れを表わしています。製造工程は合理的に設計されているので、このプロセスは理論的に解明できます。したがって、製品に不良品ができたという問題では、原料に異常はないか入力を確かめ、次にプロセスである製造工程を逐次フォローしていけば、必ず不具合個所が診断できます。この場合の不具合は故障とか障害と言い換えてもよいでしょう。これは目に**見える障害**であると言えます。

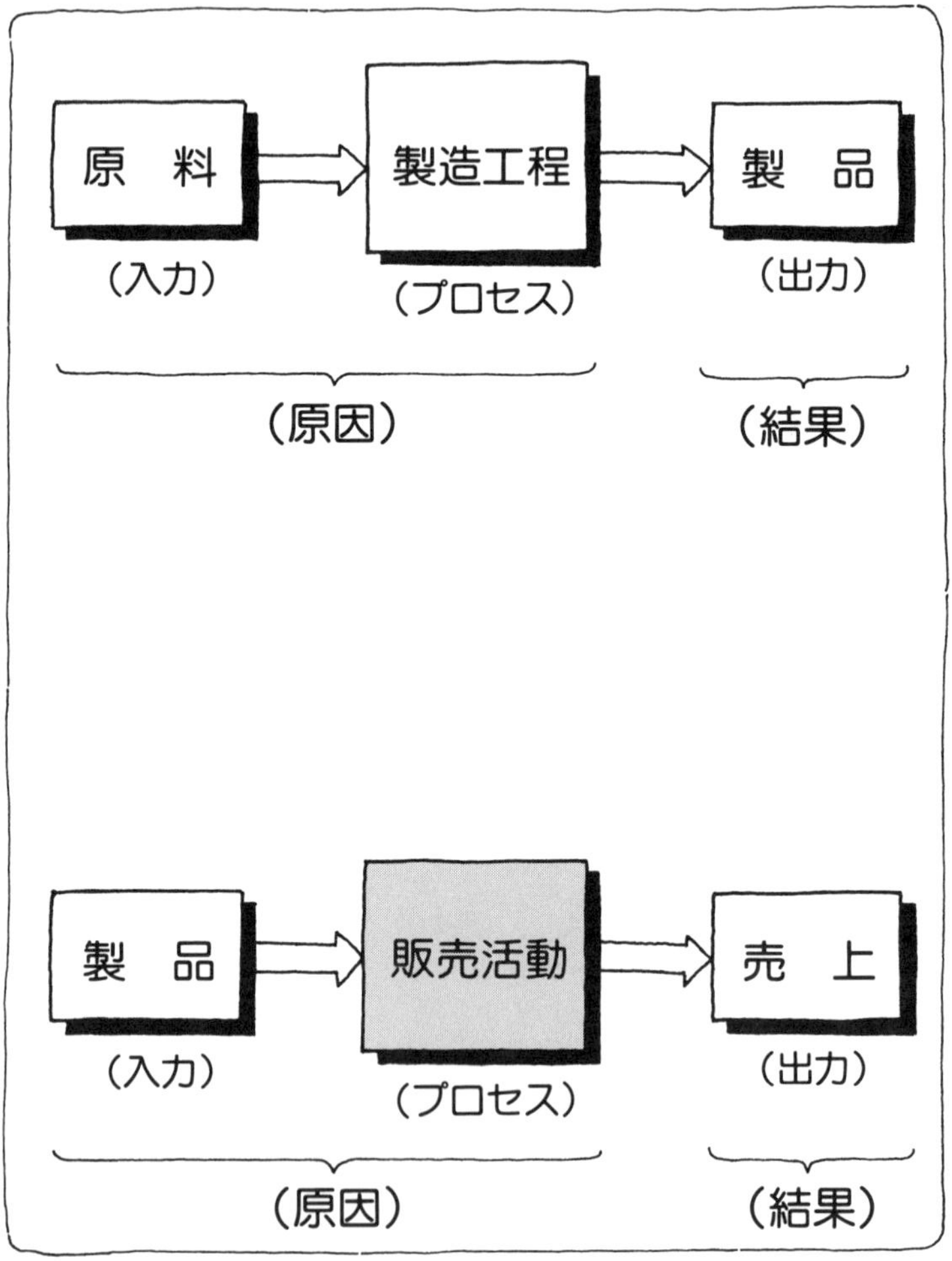

原　料
製造工程
製　品
（入力）
（プロセス）
（出力）
（原因）
（結果）
製　品
販売活動
売　上
（入力）
（プロセス）
（出力）
（原因）
（結果）

ところが、下図を見てください。こちらは、製品が販売活動を通じて売上に計上される流れを表わしています。

このプロセスは製造設備のように一定の場所に固定されたプロセスではなく、会社外の広い地域で行われ、また、工場→問屋→小売店→消費者と流通の段階も複雑です。

売上が伸びないという問題では、最初に入力としての製品に欠点がないか、他社製品に比較して見劣りしないかを検討します。次に販売活動の診断に入りますが、こちらは製造工程のように理論的に設計されたプロセスではないため、診断は簡単ではありません。

販売活動のプロセスは、製造装置のように自動的、機械的ではなく、取引の交渉や販売努力など人間の判断や意欲という、外見からだけではよくわからない要素を含んでいます。この中に売上促進につながらない障害がかくれていると考えることができます。したがってこの場合は、目に**見えない障害**であると言ってよいでしょう。

障害の存在がわかっていても、それが何であるか、正体不明の場合は、これを**ブラックボックス**と呼んでいます。ブラックボックスという言葉は航空機事故の際によく出てきます。

航空機にはボイスレコーダーとフライトレコーダーという装置が搭載されており、航空機が墜落した場合、これらを回収し、その記録を再生して分析してみると、墜落に至る原

見えない障害もある

因が解明できるようになっています。

言い換えると、この装置を回収して再生してみるまでは原因は不明のままです。これは小さな箱のかたちをしているので、これをブラックボックスとも言うわけです。

ブラックボックスとは、文字どおりに日本語に書き直すと「暗い箱」となります。「中に何が入っているか、暗くてよくわからない」という意味で、「事実不明」とか「原因不明」というときによく使われます。

次ページの図の上段の図は、プロセスの中の障害が何かはっきりわかっている状態です。下段の図は障害がブラックボックスの中にあって、不明の状態です。中段の図は、障害の正体が半分だけわかっている状態です。

はじめは問題の原因を入力に求めます。一三八ページの例では、上図では、「原料」が入力となり、原料に異常があれば、プロセスが正常であっても、不良品という問題を発生させます。同様に、下図では「製品」が入力となり、この製品に欠陥があれば、プロセスが正常であっても、売上低下という問題を発生させます。

入力に原因が求められないとすれば、次に考えられるのはプロセスにおける原因です。プロセスの中で原因と考えられる障害が何かよくわからないという状態を、**ブラックボックス**と言うわけです。ところが、問題の原因をさらに深く追求していくと、第三の原因が

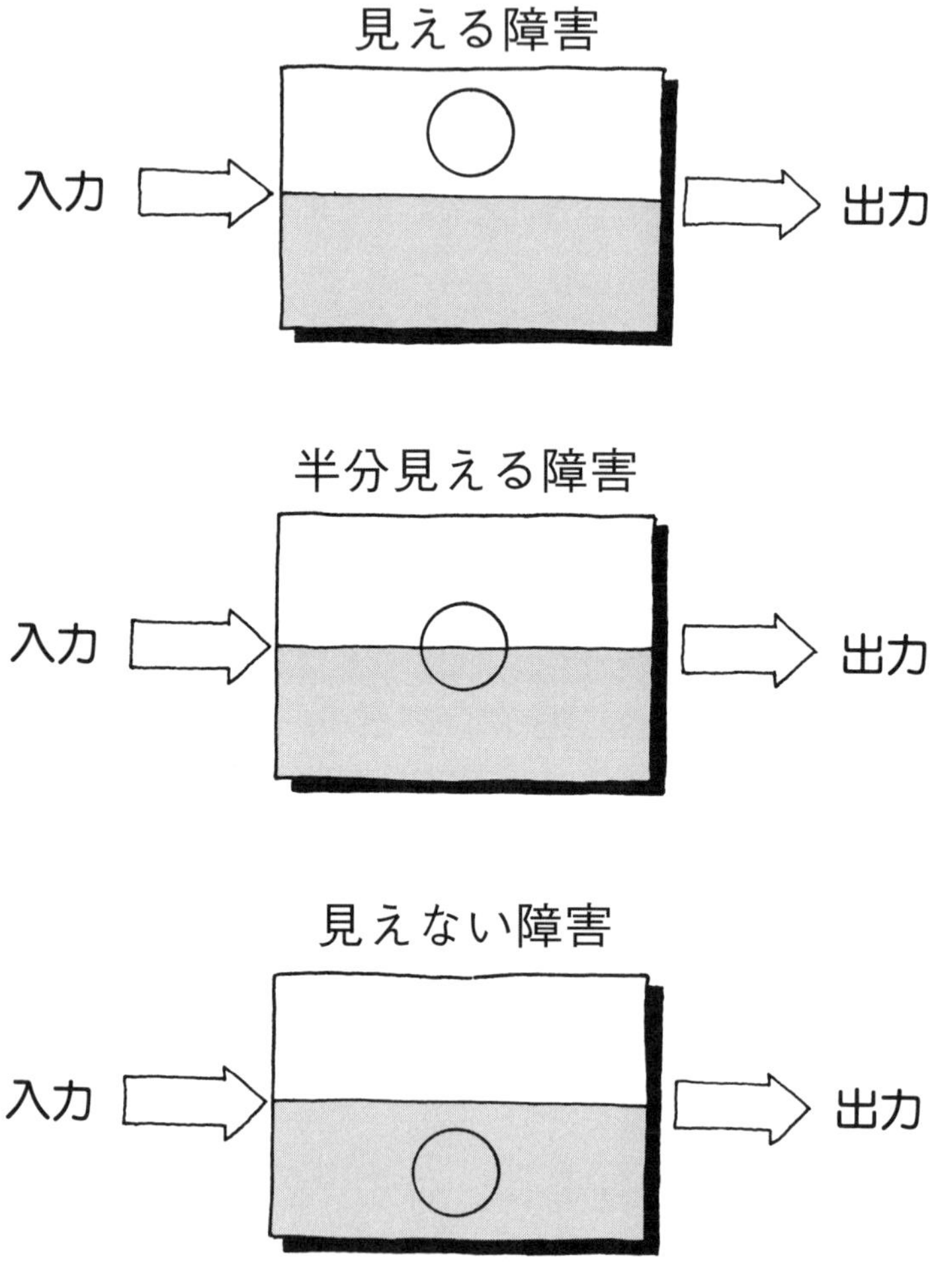
見える障害
入力
出力
半分見える障害
入力
出力
見えない障害
入力
出力

存在することがわかってきます。

これを別の例で考えてみましょう。

「腕時計をしたままで泳いだら、時計の針が止まってしまった」という例です。時刻を表示するのが時計の目標であり、針の停止という結果によって問題が発生しました。

このケースでは、入力である「電池のパワー」も、「メカの作動」も正常であったとすれば、水中で使用したことが、問題の原因と考えられます。じつは、この時計はウォーターブルーフではなかったわけで、もともと「水中で使用することは禁止されている」製品だったのです。つまり、この製品には「水中使用禁止」という制約条件があったということです。

このように、**制約条件の存在が問題の原因となる**場合があります。先に、制約条件は間接的な原因になると述べましたが、このケースでは「水中で使用したためにメカが作動しなくなった」のです。

したがって、このケースでは根本的な問題解決は、「水中で使用しない」か、あるいは「ウォーターブルーフの時計に交換するか」のいずれかとなります。ちなみに、このケースで入力が原因となるのは「電池のパワー切れ」であり、プロセスに原因があるのは、「メカが壊れた」などの障害が生じた場合です。

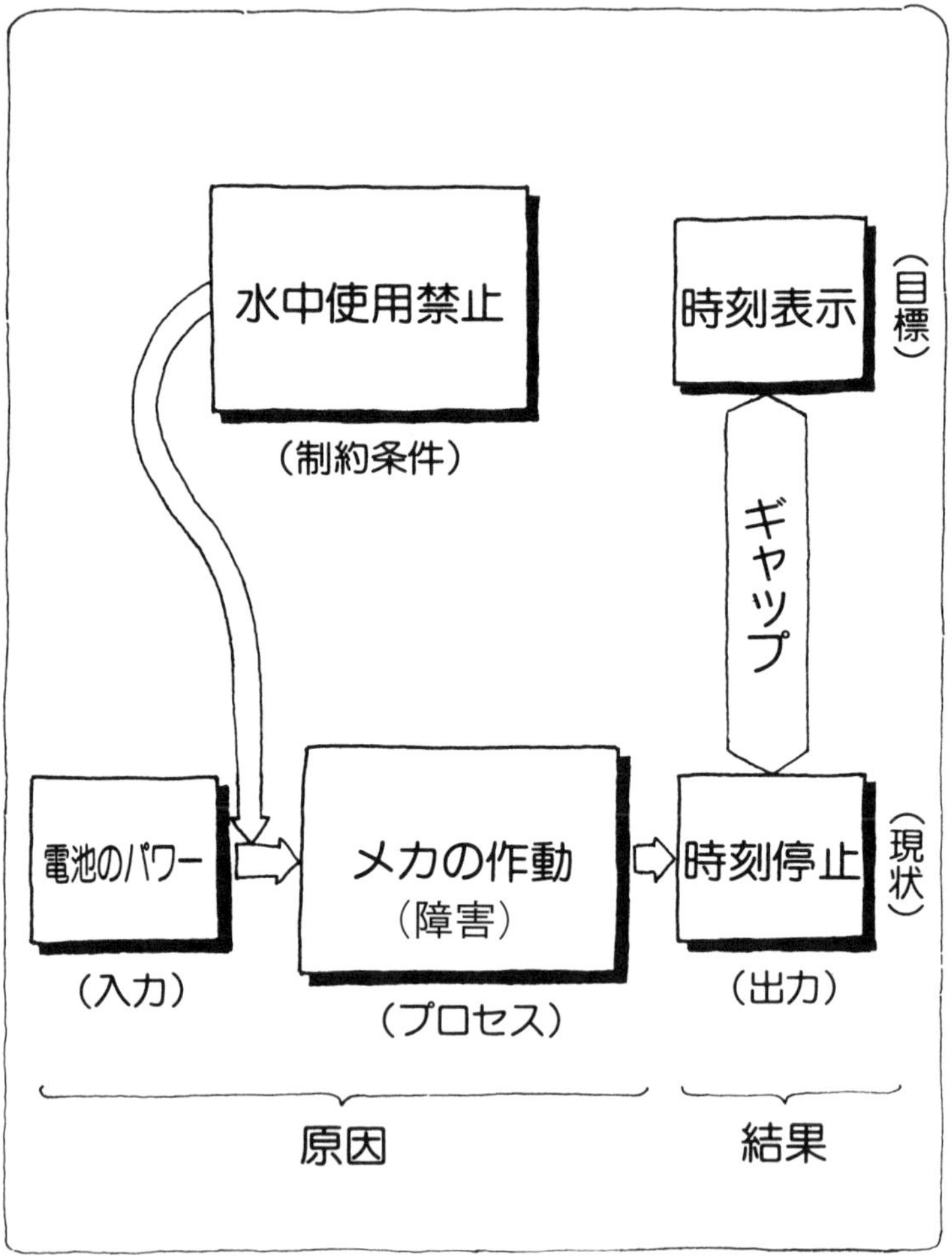
水中使用禁止
（制約条件）
時刻表示
（目標）
ギャップ
電池のパワー
（入力）
メカの作動
（障害）
（プロセス）
時刻停止
（現状）
（出力）
原因
結果

2 突然発生した不可抗力的な障害

前節では、問題の発生には、①入力、②プロセス、③制約条件、の三つが原因となることを述べました。ところが、さらにもう一つ別の原因が存在するのです。このことを他のケースを用いて説明しましょう。

「ある協力会社の建築工事現場で事故が発生した」というケースです。このケースを元請であるゼネコン（大手建設業者）の現場所長の立場で考えてみます。

まず問題は、事故の発生によって、安全記録が未達になったことです。原因は何かと考えてみた場合、その協力会社は工事実績もあり、これまで安全上の問題がなかったとすれば「A社への工事発注」という入力自体は原因とは考えられません。

そこで、どんな活動をしているかというプロセスの検討に入ります。「整理整頓が悪い」というのが目に見える行動であるとすれば、これは先ほどの「目に見える障害」に当たります。これは行動の事実です。ところが、見た目には仲良く作業しているようですが、じつは作業者は臨時の寄せ集めの混成部隊のため、「チームワークが悪い」というかくれた事実があったとします。これが前節で述べたブラックボックスの推論に当たります。

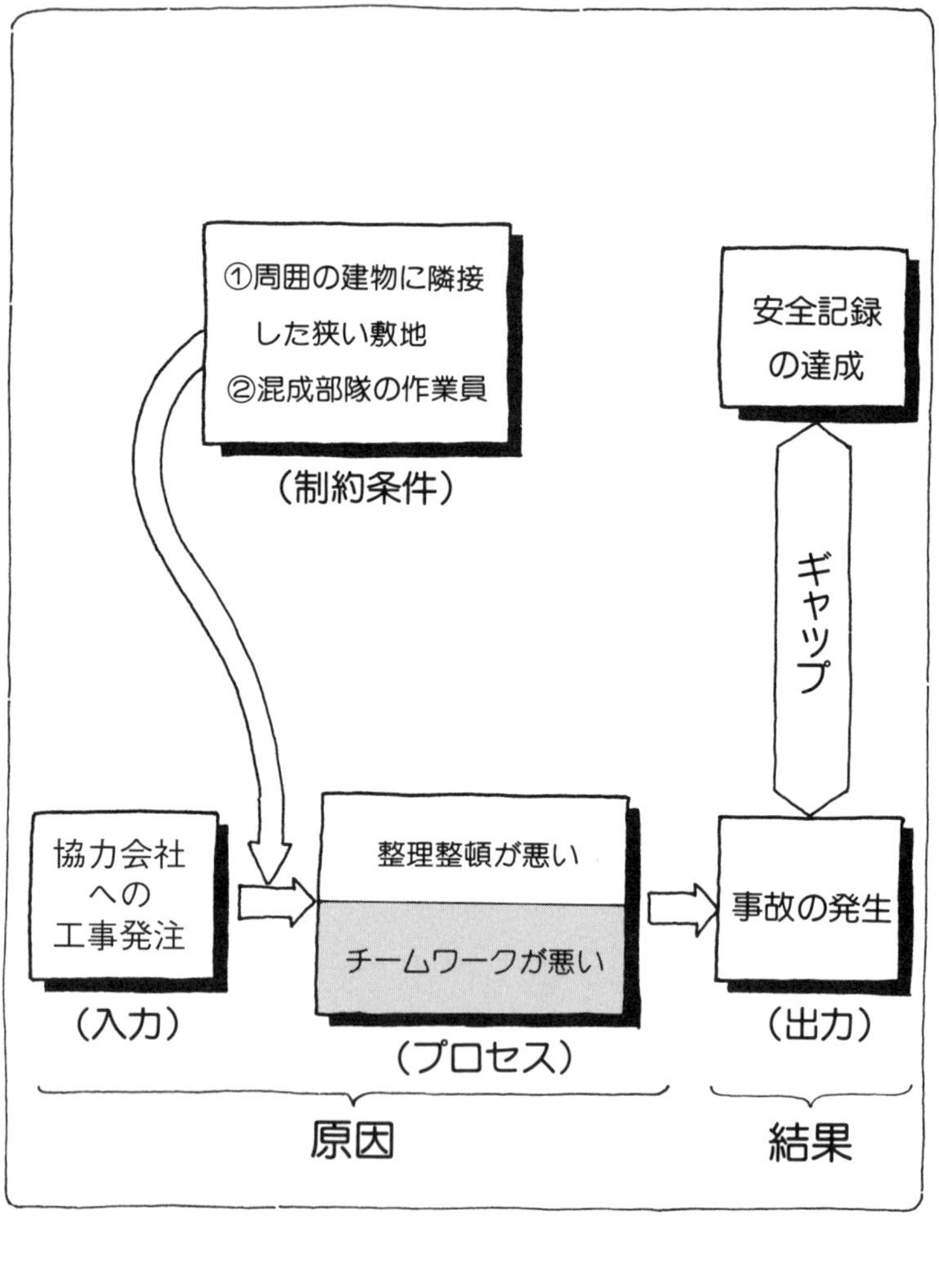
①周囲の建物に隣接
した狭い敷地
②混成部隊の作業員
（制約条件）
安全記録
の達成
ギャップ
協力会社
への
工事発注
（入力）
整理整頓が悪い
チームワークが悪い
（プロセス）
事故の発生
（出力）
原因
結果

さらに原因を究明していくと、作業現場は、「周囲の建物に隣接した狭い敷地」であって、非常に作業のしにくいところであったことがわかりました。これは、先の「混成部隊」とともに、制約条件です。

ここまで分析してみると、事故の原因として、

「整理整頓が悪い」——**行動の事実**

「チームワークが悪い」——**ブラックボックスの推論**

「混成部隊の作業員」——**制約条件**

「周囲の建物に隣接した狭い敷地」——**制約条件**

が挙げられます。

最初の二つが直接的な原因、後の二つは間接的な原因と考えられるわけです。

ところで、原因分析のときに、事故の直前に「地震が起きた」という事実があったとしたら、この事実はいったい何に当たるのでしょうか。地震の発生によって足場がくずれたとすれば、これは作業者の責任に帰すべきことではありません。この障害は外部から、不意に現われた「予期せぬ出来事」です。これを**外乱**と言います。

外乱は、**外部から起こった不可抗力的障害**のことです。不可抗力ですから、当事者にはどうしようもありません。同じ障害でも、プロセスの内部に生じる障害は、いわば関係者

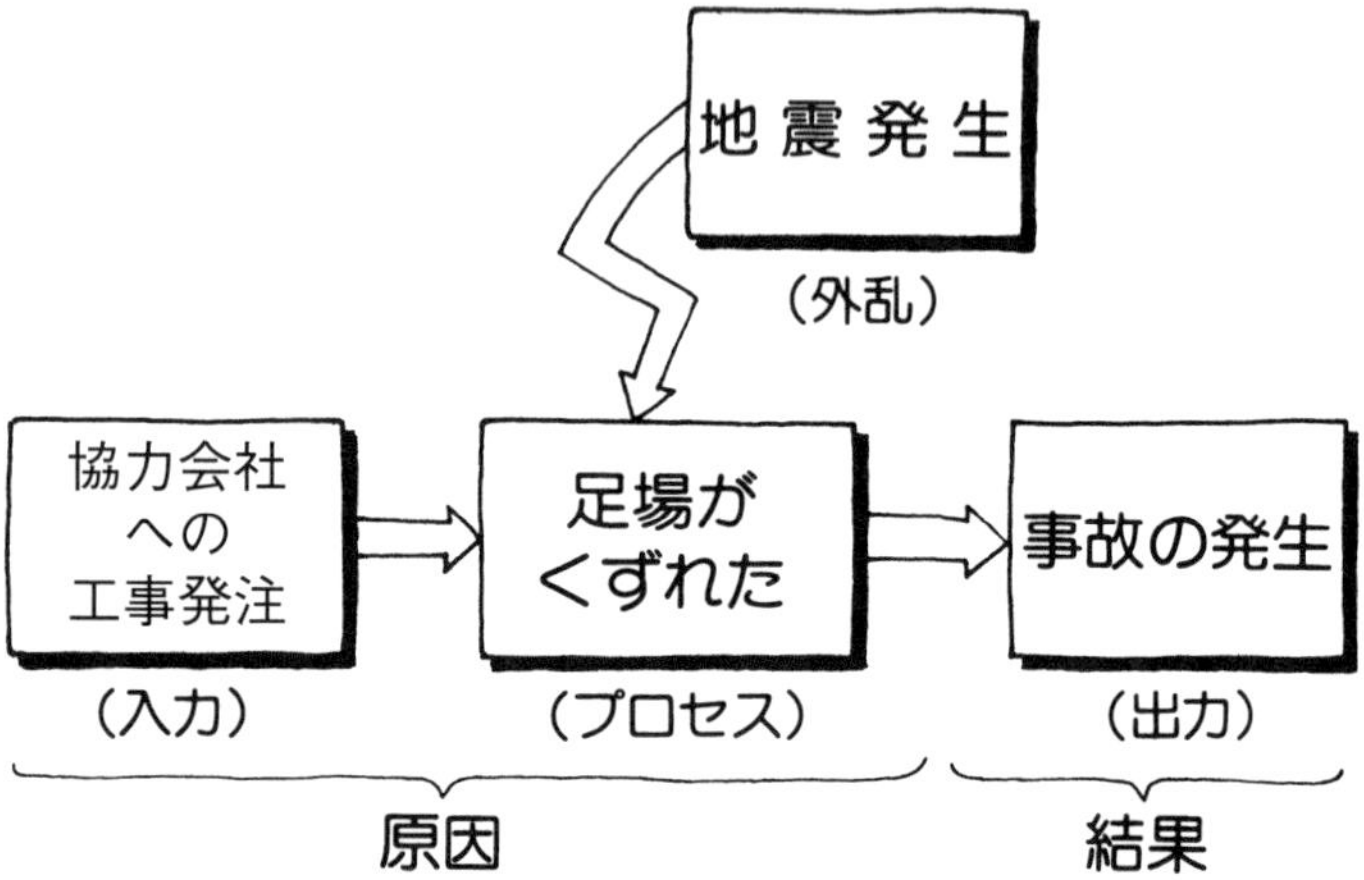

の不手際、不具合、わかりやすく言えばミスによるものです。

　このような不手際や不具合は、改善できますが、外乱だけは手に負えません。しかし、問題発生の原因の一つにはちがいありません。「地震発生」——**外乱**も、したがって原因の仲間入りをすることになります。

　外乱はめったに発生しません。最初から明らかに起こることがわかっていれば、外乱にはならず、制約条件に入ります。制約条件というのは、入力の時点において存在する客観的事実を言うからです。最初に存在しないで、活動を開始してから後に、プロセスの途中で外部から不意に起こるのが外乱になるのです。

　次に外乱の例をいくつか挙げてみましょう。

「大雨が降ってきて、営業活動ができなくなった」

「豪雪のために送電線が切れてしまった」

「異常出水で工期が延びてしまった」

「山崩れで道路が遮断され出社できない」

「冷夏のため冷房機器が大量に売れ残った」

これらは自然現象による外乱です。

次のように社会現象も外乱になります。

「交通ストのため出社できなくなった」

「円高のため輸出代金が目減りした」

「地域住民の反対にあって工場建設が挫折した」

「マスコミに批判されて売行きが低下した」

「急に停電となり、製造ラインが乱れた」

外乱は、当初予期していなかったことが突然起こる場合を言いますが、事前にまったく予知できないというわけでもありません。

「年内に大雨が降るであろう」

というのはまちがいではありません。年に何回かは大雨が降るからです。しかし、これで

外乱は予期せぬ出来事である

は外乱を予知したことにはなりません。「大雨が降ることはわかっていても、それが何日のことかわからない」からです。

将来起こりうることを**予測**することと、**予知**することは厳密に言うと異なります。客観的データをもとに統計的に推測したものが予測です。主観的な判断の場合は、予想、予知、予見などの表現を用いています。

「大恐慌が近い将来起こるであろう」というのは予想に当たりますが、「将来、日本の人口は次第に低下するであろう」というのは、今のところ予測の部類に入るでしょう。

「今後もわが国における死亡年齢は上がっていくだろう」となると、予測とも予想とも区別がつきません。

予測が重要性を持つのは、計画を立てる場合です。たとえば円高については、輸出企業各社は、一定の幅を設定して生産計画を立てています。もし為替レートがその範囲にとどまるようであれば、その予測の範囲を制約条件とみなすことができます。

しかし、当初の予測に反してその範囲を逸脱した場合は、一種の外乱として扱ってよいでしょう。

3 「打つ手がまずかった」という問題点

課題達成の手段のことを、入力としてとらえることは先に述べたとおりです。自動販売機において、入力とはスロットに投入するコインです。コインは商品を手に入れるための手段です。

いま、商品自動販売機において問題が生じた、というケースについて考えてみましょう。コインを投入したが、商品が出てこないというのが、この場合の問題です。目標は「商品を手に入れる」ことであり、現状は「商品が出てこない」のですから、両者の間にギャップが生じたのです。まず最初に考えられる原因は、「コインの入れまちがい」です。一〇〇円玉を投入すべきところを、もしまちがって一〇円玉を投入したのであれば、当然ながら商品は出てきません。

この場合の問題解決は、コインを戻してみてまちがいを確認してから、正しい入力を行えばよいわけです。これは、問題の構造としては比較的単純です。これを図式化してみると次ページの図のようになります。

自動販売機の場合はメカニズムそのものが、プロセスになり、コインを入力すれば、メ

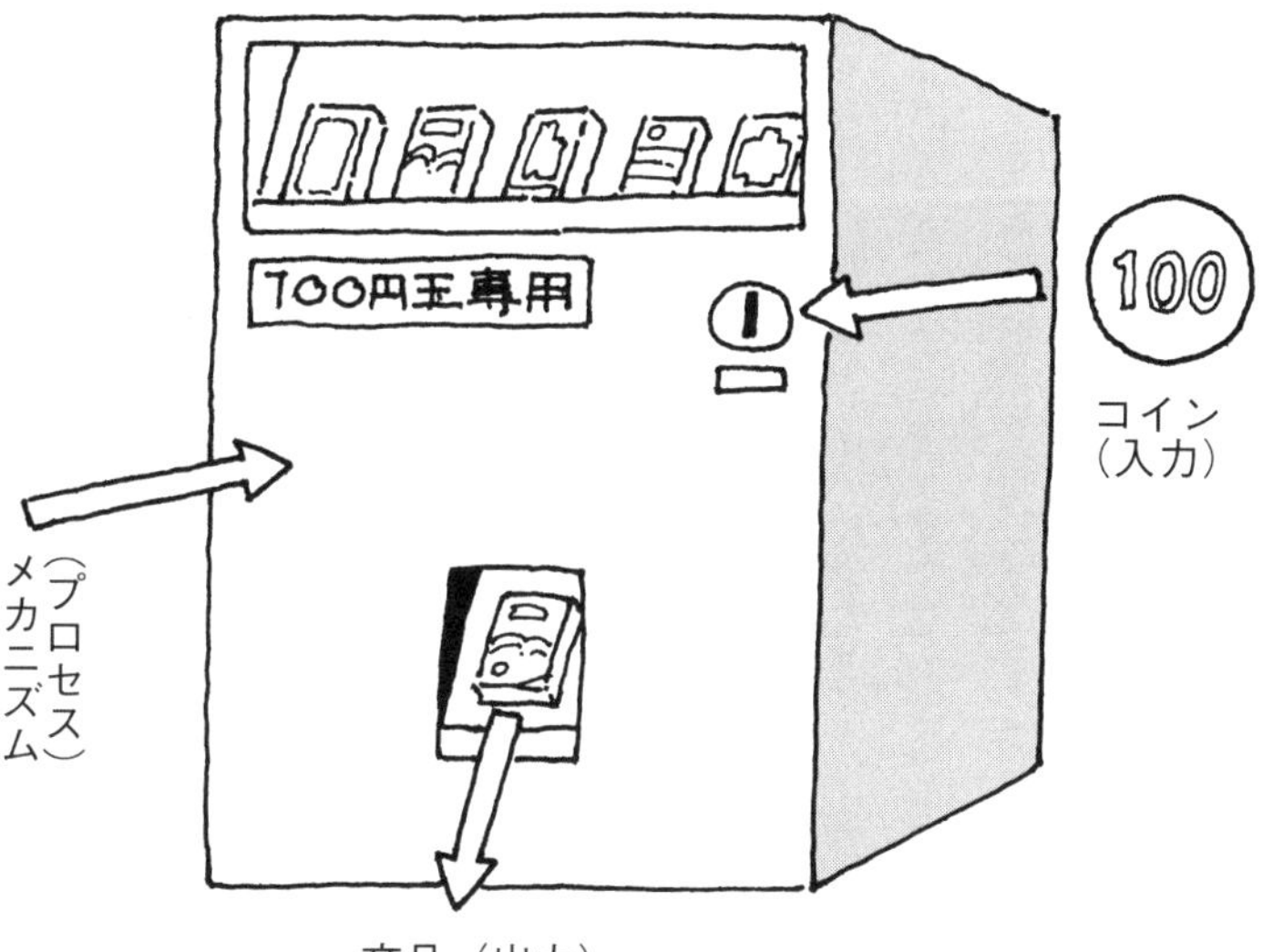

自動販売機における問題

カが作動（活動）して最後に商品が出力されます。
このケースの入力ミスは次のいずれかになります。

①　入力が不足している

②　入力が不適切である

①は、金額が規定の料金に達しない場合です。商品の価格が二〇〇円であるとすれば、一〇〇円玉一個投入しただけでは不十分です。

②は、規定外のものを入力した場合です。一〇〇円玉専用の機械において、一〇円玉を投入した場合です。一〇〇円玉と一〇円玉では形状や材質が異なります。

自動販売機のセンサーが入力の不足や不適切をチェックして、それによってメカが作動したりしなかったりするわけです。したがって、目標を達するには、まず適切な入力を行うのが肝心です。不足は不適切の一部と考えてもよいでしょう。

このことを経営活動について当てはめて考えてみましょう。先にも述べたように、経営資源は、ヒト、モノ、カネ、情報です。これらの投入資源に不足が生ずれば、問題が起こります。

不足というのはおもに量的な不足ですが、質的にとらえれば、投入資源の不適切ということになります。「打つ手がまずかった」という問題点は、ヒト、モノ、カネ、情報など

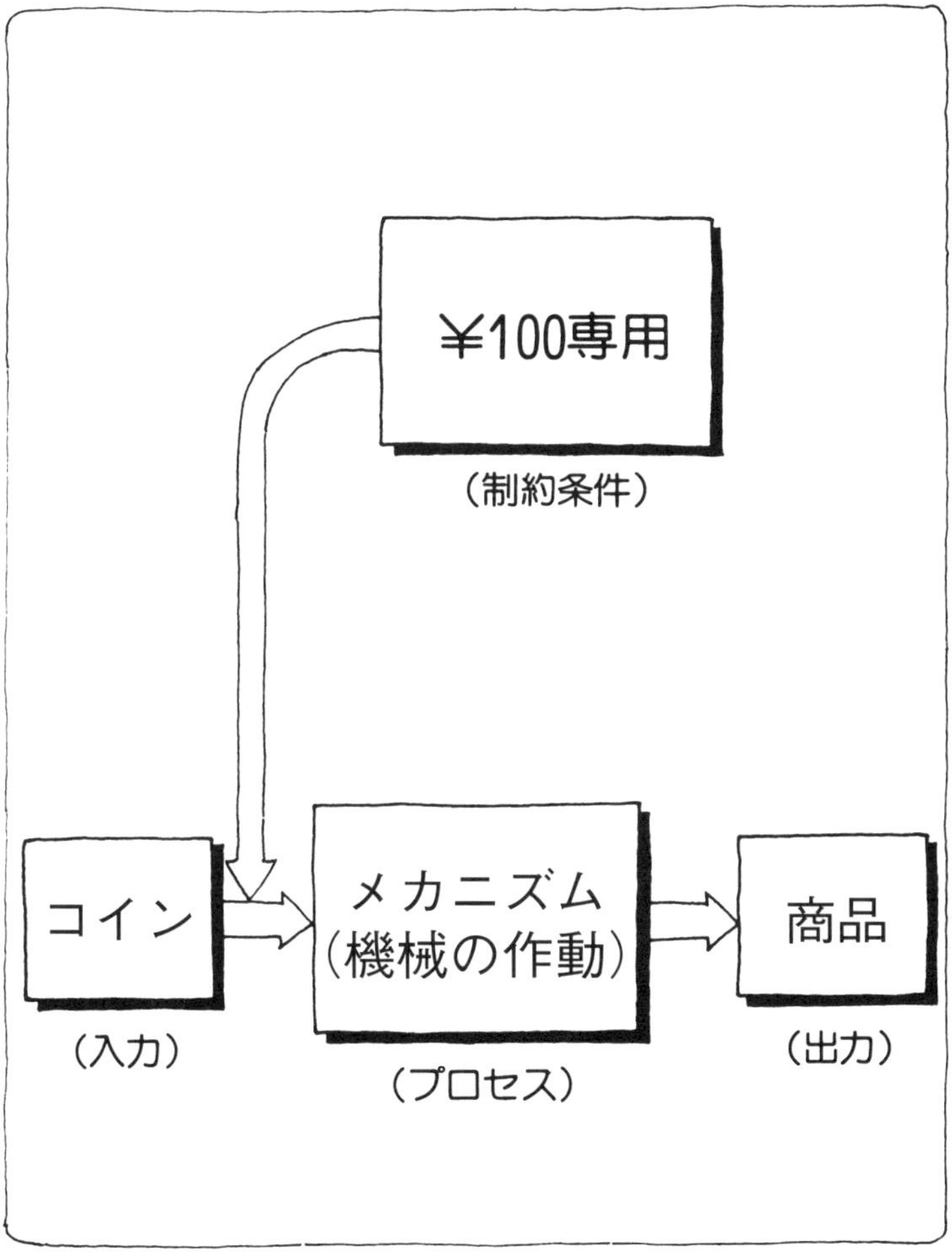
¥100専用
（制約条件）
コイン
（入力）
メカニズム
（機械の作動）
（プロセス）
商品
（出力）

の入力が不適切である場合をさします。

「安全目標を達成するために安全組織を編成した」というケースでは、入力は「安全組織の編成」です。これはヒトの入力のバリエーションです。

しかし、安全組織が上部からの指示で天下り的につくられたものであったとすれば、実際の安全活動は効果的に行われないでしょう。その結果として事故が発生したとすれば、「天下り的な安全組織の編成」という入力が不適切だったのです。これが「打つ手がまずかった」という問題点です。

「ある会社が、Xという新製品を売り出したが、よく売れなかった」というケースについて考えてみます。これは、モノの入力のバリエーションです。新製品を市場へ入力したということです。売れないという問題の原因が、Xという製品の魅力のなさによるものであるとすれば、やはり、入力の不適切です。この場合、

① 市場ニーズに合致していない

② 他社製品に比べて見劣りがする

③ 価格競争力が弱い

などは、入力に関する「打つ手がまずかった」という問題点に当たります。

「ある会社が外国の債券に投資したが、急激なドル安のために損失を出した」というケー

打つ手がまずかったという問題点

スでは、もし他の投資対象を選べば防げた損失であるとすれば、「外国債券への投資」という入力が不適切であったのであり、これも「打つ手がまずかった」という問題点になります。

以上のように、目標達成の手段である入力が不適切であるために起こる問題も少なくありません。この場合の問題解決は、入力を適切な別の入力に置き換えることです。たとえば、

「現場からの提案による安全組織づくり」
「早急にX製品の改良品を出す」
「投資対象の分散化を図る」

などが考えられます。

入力を変えることによって解決できる問題は、構造的には単純な問題に属します。通常は、さまざまな制約があって、入力の変更が困難である事例が少なくありません。その場合は次節で述べるように、プロセス（活動）の中で打つ手を考えます。

入力は一般に、組織方針にもとづいてその立場の人が自らの意思で選択した行為と考えることができます。

自己の方針を具体化したものが入力となるわけです。

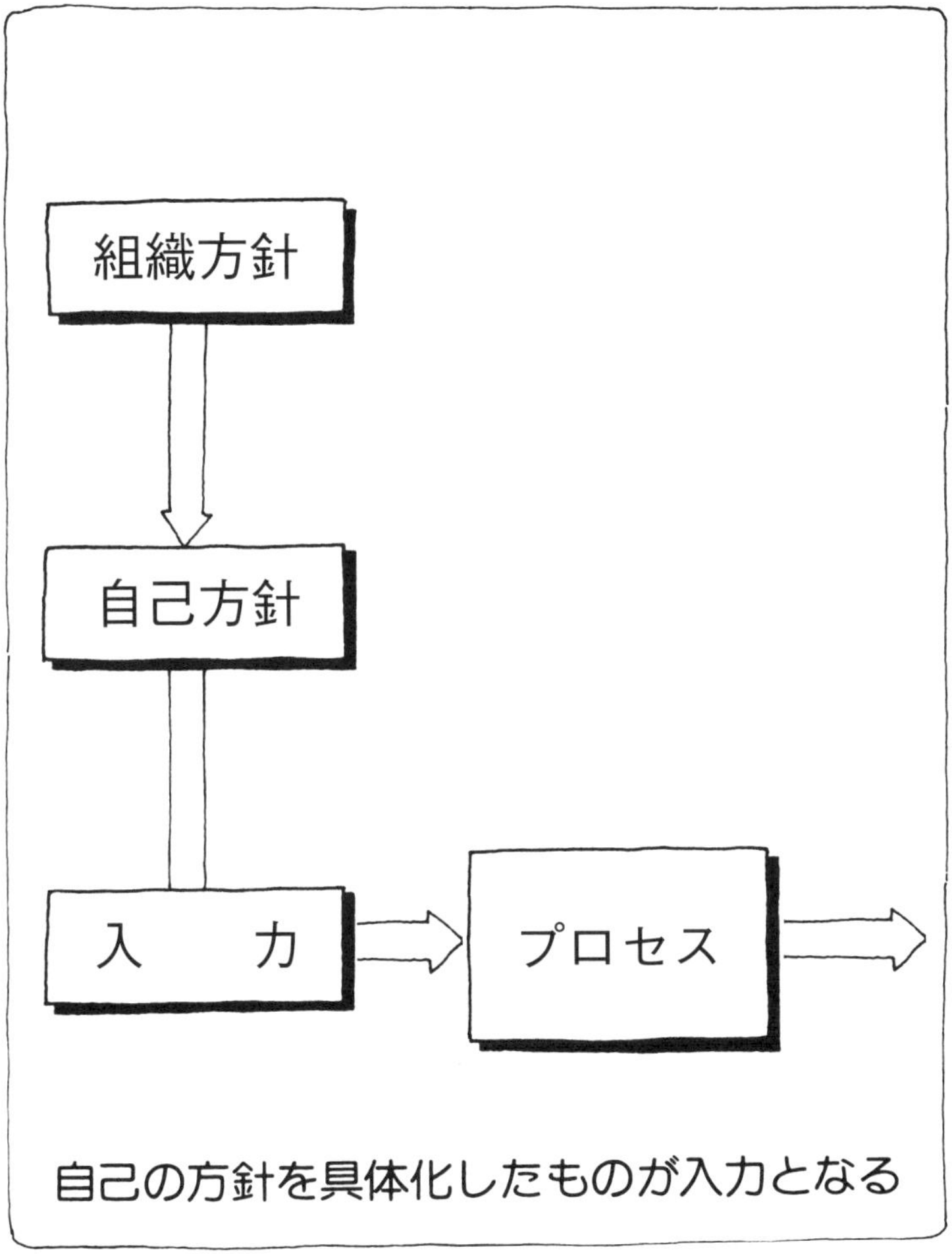
組織方針
自己方針
入　　力
プロセス
自己の方針を具体化したものが入力となる

4 「やり方がまずかった」という問題点

「入力」が不足している場合の問題解決は、ヒトを増員したり、カネを調達したりして、その不足を補えばよいのですが、それができない制約がある場合には、「プロセス」のほうで対策を考えます。

「従来、五人で担当してきた仕事だが、一人退職することになった機会に補充をやめて、四人でできるように役割分担を変えることにした」というケースは、活動の仕方、すなわちプロセスの変更による問題解決であると言えます。

またときによっては、

「いくら人を増やしても、目標が達せられない」

「いくら資金を投入しても、成果が上がらない」

という場合もあります。これも、プロセスを変えなければ解決できない構造の問題です。

プロセスにおける問題点というのは、いわば「やり方がまずかった」という問題点に当たります。先にも述べたように、同じ程度の規模や市場環境でスタートした二つの営業所が数年で大きく差が出たような場合は、プロセスの差によるわけです。

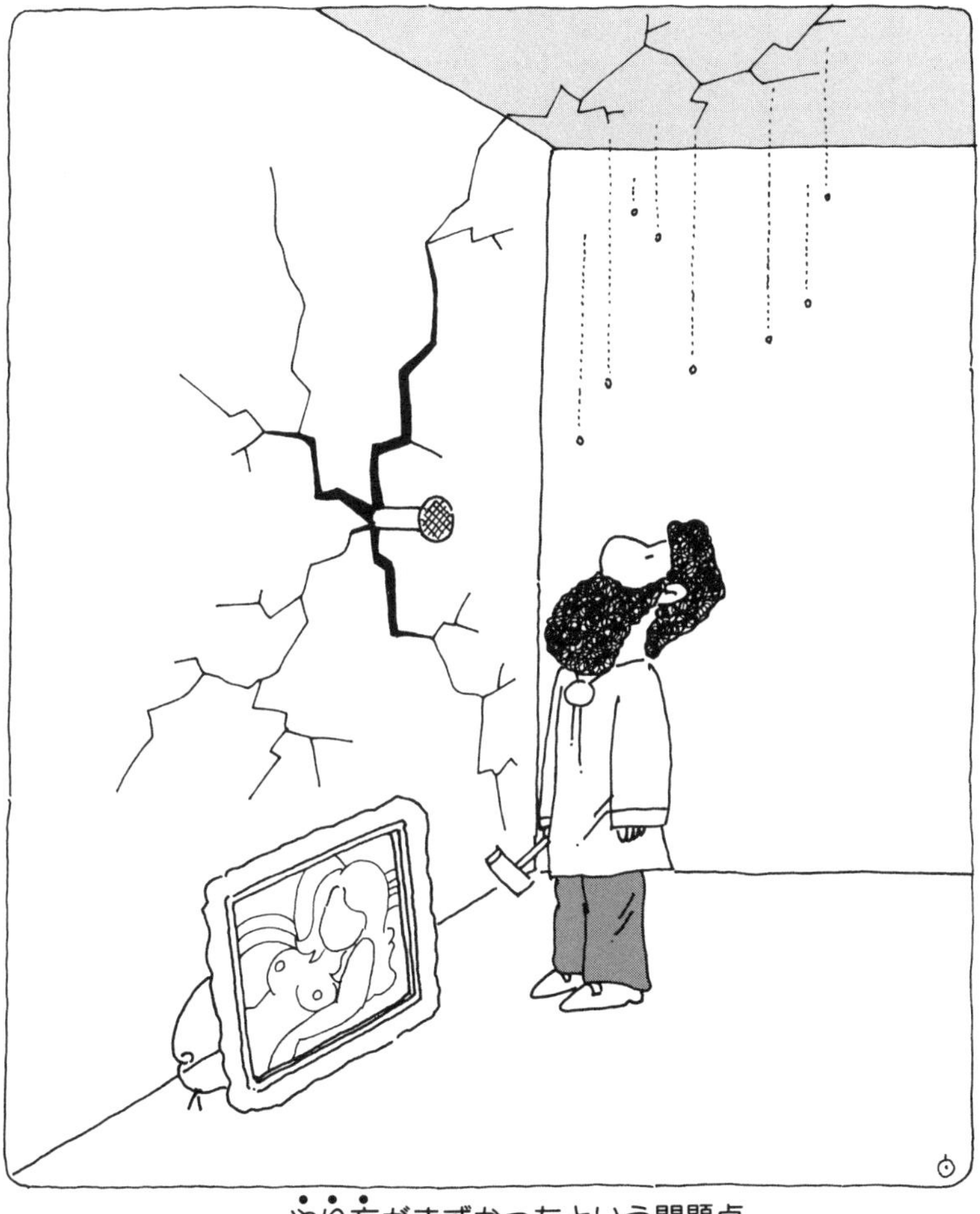

やり方がまずかったという問題点

このケースの「プロセス」というのは、営業所経営のあり方そのものであると言ってよいでしょう。所長のマネジメントの仕方、営業員の活動の仕方によって、結果に差が出たと言えるからです。

「A営業所では、営業員が所長を信頼し、一致団結して営業活動に取り組んだために成果が上がった」

「B営業所では、営業員と所長の間がうまくいかず、不信と不満が充満していたために、営業活動に熱が入らず、成果が上がらなかった」

これらの例は、出力（成果）の差が入力によるものではなく、プロセスによることを示しています。とくに後の例では、

「不信と不満が充満していたために、営業活動に熱が入らない」というのが行動の事実であり、さらに突っ込んで、

「なぜ不信と不満が充満したのであろうか」

と考えてみることが、ブラックボックス（BB）の推論となります。その中に「目に見えない障害」がかくされているわけです。

このように「打つ手」のまずさは、入力（手段）における不足や不適切を言いますが、「やり方」のまずさのほうは、プロセス（活動）における**不具合**や**不手際**を言います。

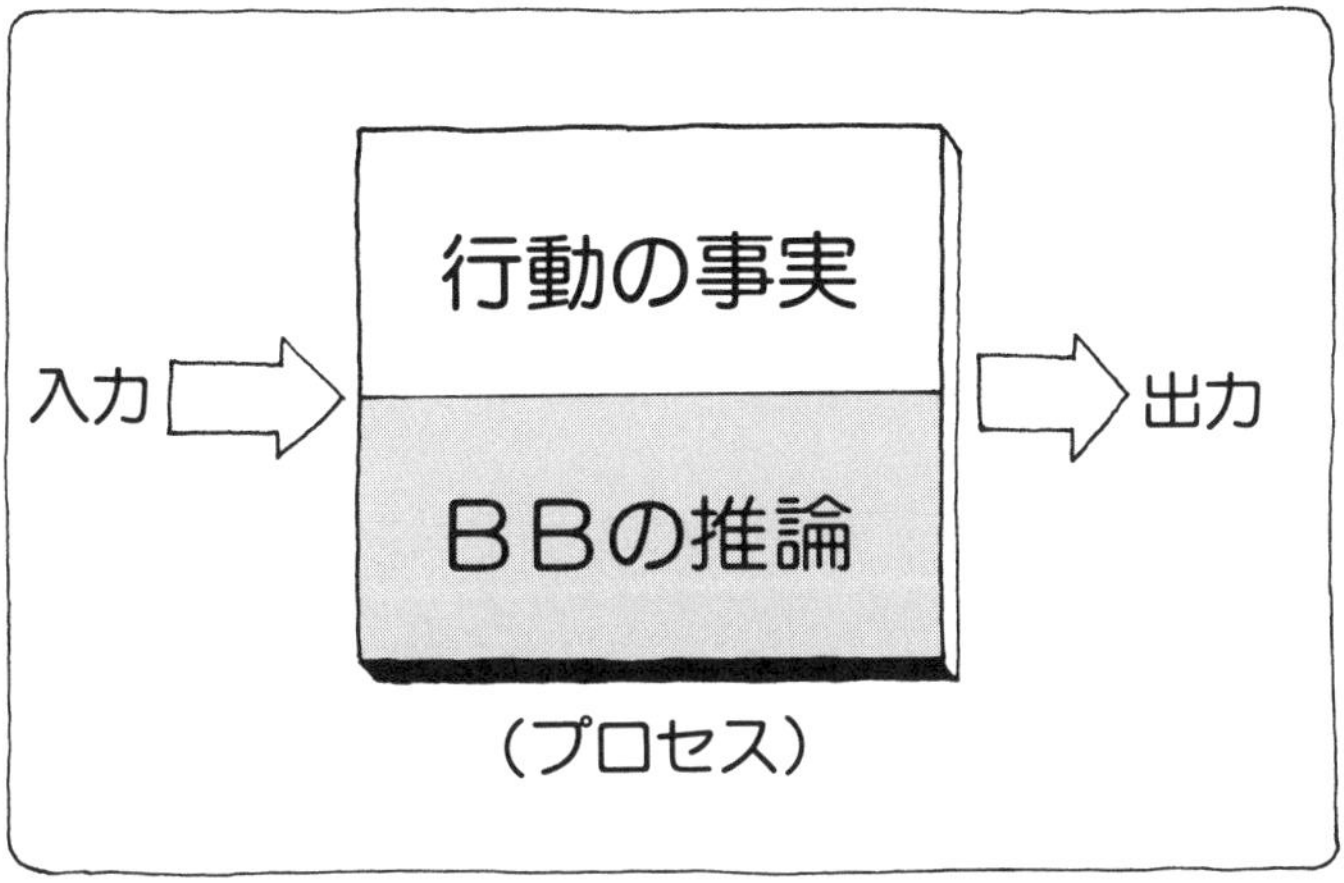

この「やり方」のまずさは、行動の事実として「目に見える障害」である場合と、ブラックボックスを推論する「目に見えない障害」である場合とがあります。「障害」というのは、不具合や不手際です。機械装置の場合は「故障」に相当します。

プロセス内部の不具合や不手際という障害は、「自分たちのやり方のまずさ」によるものなので、改善可能な障害であり、問題点となります。

こうした不具合や不手際は、入力ミスに対して、活動ミスといえるでしょう。これには二通りのミスが考えられます。

「熱心に営業活動を展開したが、商品の説明の仕方がまずかったために販売に成功しなかった」

「全数調査を怠ったために不良品が混入して苦情が発生した」

前の例はまさしく「やり方のまずさ」によるものですが、後の例は「やるべきことをやらなかった」というやり方のまずさによるものです。このように「やり方のまずさ」にも二通りあるのです。

やることはやったが、失敗した
やり方が適切でなかった
よけいなことをやってしまった
} **行為ミス**

必要なことをやっていない
フォローが抜けている
配慮が足りなかった
} **欠落ミス**

前者は文字どおり、「やり方のまずさ」によるもので、やることはやったが結果的に問題を発生させてしまったという場合です。これは**作為の誤り**とも言えます。後者は必要と思われる行動が欠けている場合であり、これは**不作為の誤り**ということもできます。

関係者がどのように行動しているか、その中に問題発生の原因と思われる事実がないか、その事実が「行為ミス」であるか、「欠落ミス」であるか……と考えてみるわけです。

「行為ミス」というのは「やった失敗」で、こちらのほうは、よく観察すれば自然にわかりますが、「欠落ミス」のほうは、「行動として何が欠けているか」を発見するのですから簡単ではありません。「やっていない失敗」はどうしたら見つけられるでしょうか。問題の構造化のステップでもむずかしいところです。それには、**制約条件を検討**してみます。

「こういう条件があるとすれば、どんな行動が必要だったか」と考えてみるわけです。そうすれば、必要と思われる行動で欠けているものが浮かび上がってきます。

「全数調査をやらなかったために不良品を納入してしまった」というケースで、「納入先との間に品質保証の契約が交わされていた」という制約条件が存在していたとすれば、「全数調査」の必要性が浮かび上がってくるわけです。この場合、「それにもかかわらず全数調査をしなかったのはなぜか」というのが、BBの推論になります。

最後に、ブラックボックスをどのように推論するかについて考えてみましょう。ブラックボックスというのは、行動の事実の裏側にある「かくれた事実」です。

問題を考える場合に、「目に見える事実」だけで考えると判断を誤る場合があります。その背後に、どれだけの「かくれた事実」があるかを読み取る眼が必要です。〝ヨミが深い〟というのは、このブラックボックスの推論が的確なことを言います。

他人が気づかない「かくれた事実」を人よりも早く、的確にとらえることができる人が

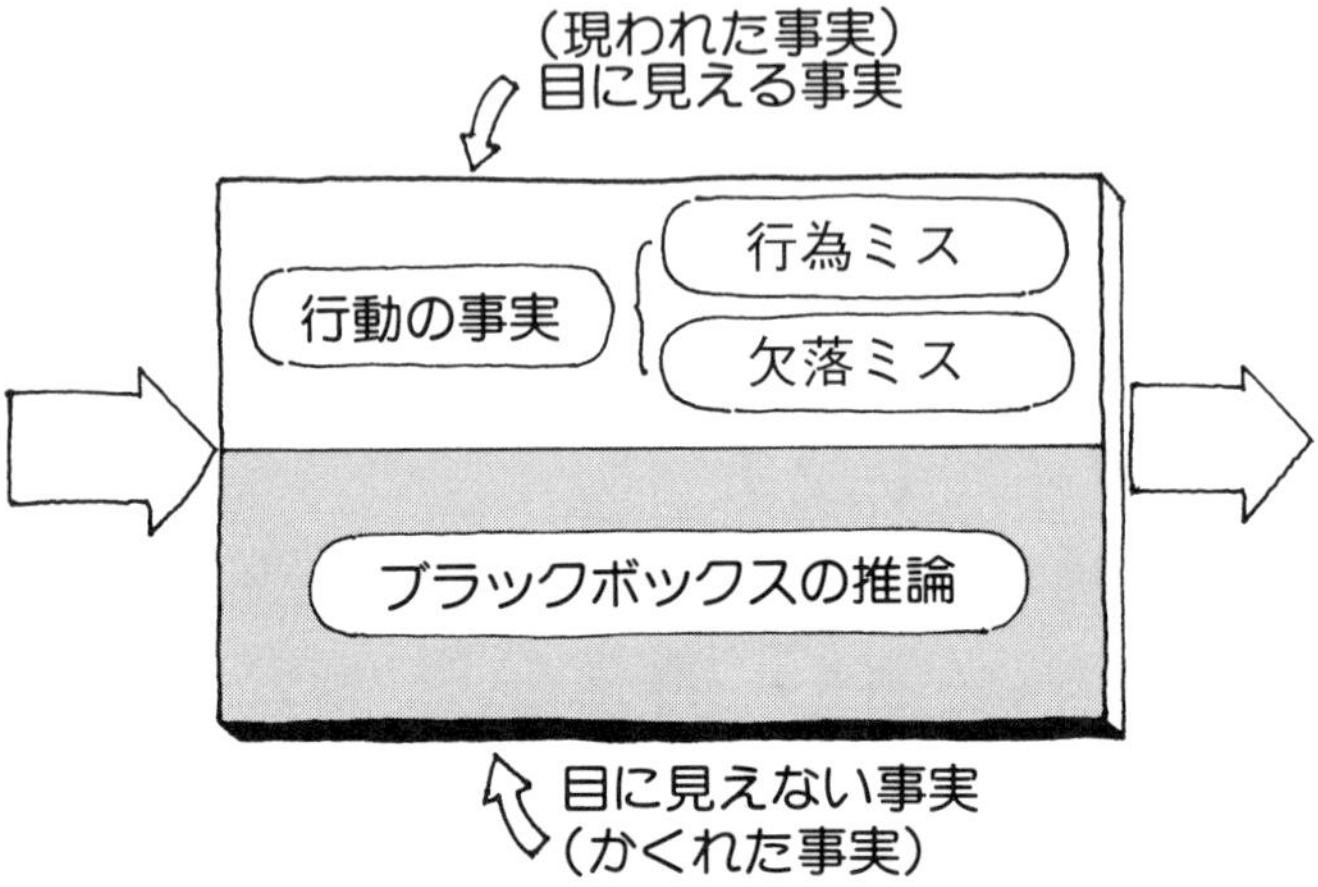

ヨミの深い、頭の回転の速い人です。

「相手の顔色を読む」

「相手の腹を読む」

これらはいずれも、表面に現われた相手の言動（行動の事実）から、相手のブラックボックスを推論している表現です。

名探偵シャーロックホームズやポアロは、関係者の「行動の事実」と彼等の「制約条件」を結びつけて犯罪の動機を推論し、ついには犯人をつきとめます。「かくれた事実」を断片的な情報を関連づけて推論するわけです。

問題の原因を解明する段階でいちばんやっかいなのは、このブラックボックスの推論の部分です。あてずっぽうやヤマカンで推論するのではなく、与えられた情報から論理的に推論する方法を身につける姿勢が大切です。

BBの推論のしかたとしては、

①制約条件と行動の事実

②外乱と行動の事実

を結びつけて推論します。ひとつの行動の事実に複数の制約条件が関わっていたり、逆にひとつの制約条件が複数の行動の事実に影響する場合もあります。外乱についても同じです。

5 「自分の手に負えない」という問題点

先に挙げた「交通事故」のケースをもういちど検討してみましょう。原因と考えられるのは、

① 飲酒運転

② 道路の凹凸

③ 雨降り

の三点です。この中で②と③は制約条件でした。

ところが、同じ制約条件であっても、②と③とではちがいます。「道路の凹凸」のほう

は、物理的に対応が可能ですが、「雨降り」のほうは、物理的に対応が不可能です。要するに、雨を止めることはできないからです。

「道路の凹凸」は、その道路が私道であるか公道であるかにもよりますが、もし公道であるとすれば、道路管理者である県とか市に陳情して修理させることができます。危険な個所を放置したために事故が起こった場合は、道路管理者に賠償責任が発生するからです。他方、「雨降り」のほうは、気象庁に陳情したとしても、現在の技術では物理的に雨は止められません。たとえそれが可能であったとしても、一個人のために雨を止めることはできないでしょう。雨が降って困る人もあれば、反対に雨が降らないと困る人もいるからです。

このケースから制約条件には二種類あることがわかります。「道路の凹凸」のように、自分が直接手を下すことはできないが「他者にやらせることができる」条件と、「雨降り」のように「どうにもならない」条件との二種類です。

前者を**一時制約**、後者を**絶対制約**と呼びます。問題点となるのは一時制約のほうです。「Y地区の販売店の立地条件がよくないために売上が伸びない」というケースでは、「販売店の立地条件」は問題点になります。つまり、この条件は絶対に変えられないものではなく、現時点での一時制約にすぎないからです。

自分の手に負えないという問題点

しかしながら、一時制約とはいっても、やはり制約条件ですから、そう簡単には変えられません。本社なり本部なりの承認をもらって、別途に予算計上してもらう必要があります。

販売店の場所を他所へ移すというのは、通常の販売活動ではなく、より成果が期待できる活動を展開するための条件の変更です。支店長やセールス・マネジャーたちにとっては「自分の手に負えない」という問題点に当たります。

このケースで、「Y地区の競合条件」というのは問題点になるでしょうか。

「Y地区には、強力な競合他社が販売店を出店している」という制約条件は、セールス・マネジャーや支店長はもちろんのこと、本社や本部といえども、どうにもなりません。自由競争の社会ですから、法に触れないかぎり、他社の営業戦略に干渉はできないからです。したがって、この条件は問題点にはなりません。

問題点というのは、問題の原因の中で「手を打つ必要があり」かつ「手が打てる」ものを言うからです。

「どんな商品を仕入れるか」——**入力**

「どのように販売活動を行うか」——**プロセス**

は明らかに、「手が打てる」原因であるといえますが、制約条件のほうは「手が打てる」

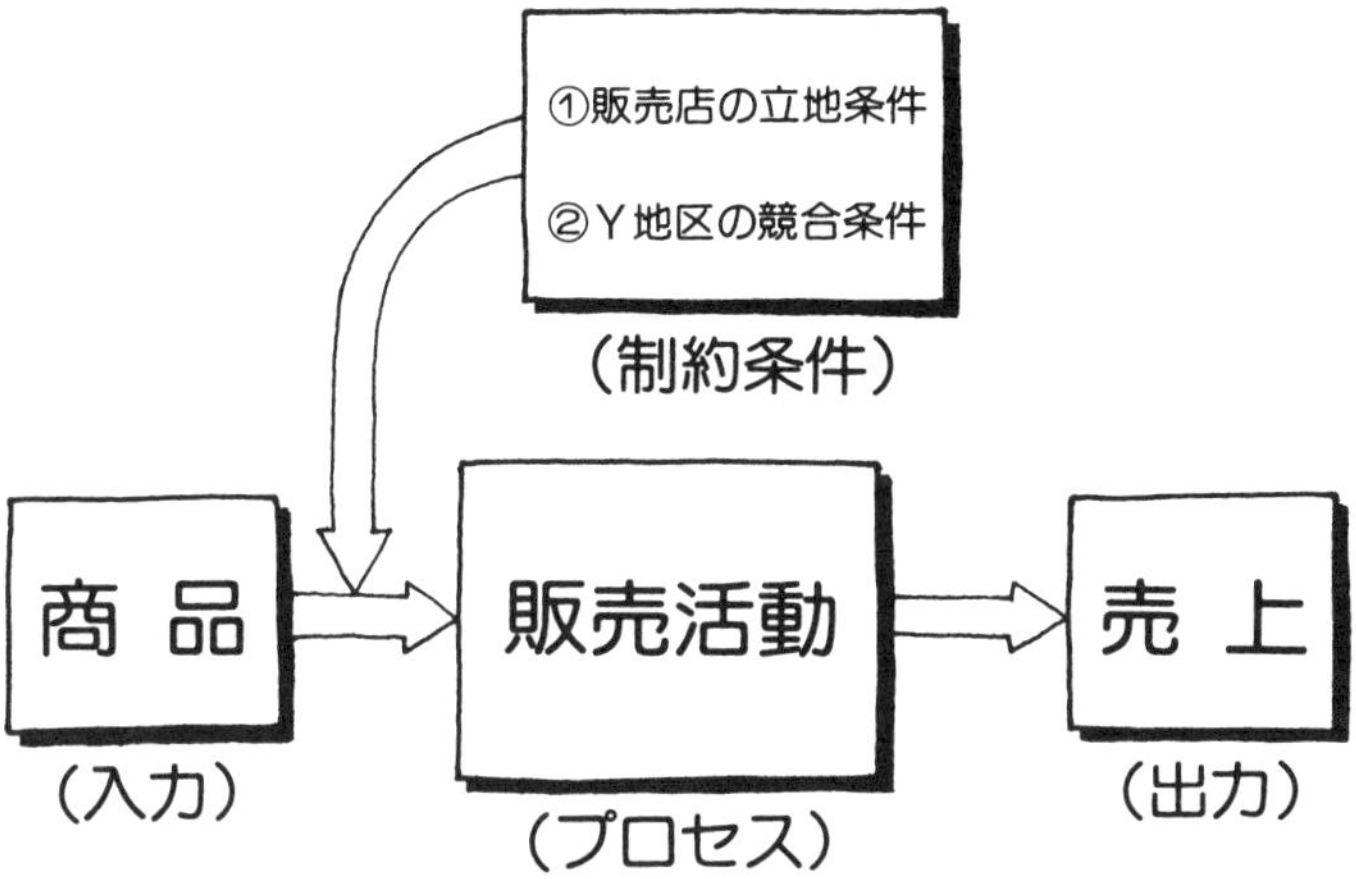

原因と「手が打てない」原因があるという結論になります。

「打つ手がまずかった」という問題点と「やり方が、まずかった」という問題点は、いずれも「自分の手に負える」問題点と言えます。ところが、問題の間接的原因である制約条件は、問題点となりうるものとそうでないものとに分かれます。しかも「手が打てる」とはいっても、「他者の力を借りなければ解決できない問題点」であり、それを「自分の手に負えない」という問題点と呼ぶことができます。

さまざまな制約があって、一見どうにもならないような問題であっても、制約条件を一つ一つ検討してみると、「手が打てる」ものが見つかる場合があります。

どの制約条件に目をつけるかが、問題解決の重要なポイントです。

制約条件には「手が打てない」ものが多いでしょう。「手が打てない」すなわち、絶対制約の典型は法律や年齢です。

「Zという法律があるために、これ以上コストダウンができない」

「五〇歳になったのだから、そろそろ成人病になる可能性が出てきた」

これらの例では、法律も年齢も問題の間接的原因と考えられますが、「どうしようもない」原因なので問題点になりません。

では、**外乱**は、問題点となりうるでしょうか。

「年度途中で急激な円高になって、売上額が激減した」

「大雨が降り続いて、農産物の収穫が減少した」

これらのケースで「急激な円高」と「大雨が降り続いた」のは、外乱に当たります。円高は定着すれば対策を講じる段階で制約条件に転化しますが、大雨のほうはいずれ降りやむ一過性の外乱で、普通は制約条件には転化しません。ただし、大雨で受けた土壌の変質という残存効果はしばらく残るかも知れません。いずれにせよ、**外乱は不可抗力的な障害で問題点になることが少ない**といえます。

6 できる範囲とできない範囲

問題解決といっても、すべてのことが解決できるわけではありません。当然ながら、できる範囲とできない範囲があるわけです。

これまで述べたように問題を解決するには、その問題を引き起こす原因を調べ、そのなかから問題点とそうでないものとを区別し、次に問題点に対する対策を考えなければなりません。これが問題解決の大まかな手順です。

この手順のなかで、問題点はさらに三つに分類できることを述べました。

①「打つ手がまずかった」という問題点

②「やり方がまずかった」という問題点

③「自分の手に負えない」という問題点

これらの問題点は、問題の構造との関連で見てみると、①は入力（手段）における問題点であり、②はプロセス（活動）における問題点であり、そして③は制約条件における問題点であると言えます。

入力（手段）における問題点は、問題解決の当事者が対応できる範囲の問題点です。

「自動販売機」のケースをもういちど思い出してください。二〇〇円投入すべきところ一〇〇円しか投入しなかったため商品が出てこなかった場合は、「打つ手がまずかった」という問題点に当たります。これは当事者がさらに一〇〇円投入すれば解決できる問題点です。

自動販売機や時計などの機械的なシステムにおいては、入力に不足があれば、問題は確実に起こります。というのは、入力の不足をプロセスで補うことができないからです。

ところが、人間や人間の集まりである組織などの有機的なシステムにおいては入力に不足があっても、プロセスのほうでその不足を補うことができるのです。たとえば、従来一〇人のメンバーでやってきた仕事であっても、八人、場合によっては、半分の五人でもやれる例があります。

もちろんその場合は、活動の仕方を工夫して、一人二役をやったり、残業を増やしたり、効率的な仕事の進め方をしたりする必要があります。したがって、組織活動においては、入力の不備は絶対的な問題発生原因にはなりません。これが機械（設備）と人間（組織）の大きなちがいです。

通常の場合、ヒト、モノ、カネ、情報などの資源は限定されている場合が多く、入手できる範囲、調達できる限度というものがあります。

「いくら人手をかけてもよい」
「いくら金を使ってもよい」
という状況であれば、たいていの問題は解決できるのです。

しかし、入力すべき資源に制限があるとなると、プロセスにおける活動の仕方を改善して問題解決をはかるしかありません。企業などの組織活動における問題解決は、したがって、プロセスの中の問題点を見つけ、それに対して対策を考えなければならない場合が多いと言えます。

機械の場合は、部品が一つ欠けても動きませんが、人間の場合は、不幸にして身体に障害を生じても、立派に社会活動に参画できます。ないものねだりをしたり、そこに責任転嫁をしてみても問題の解決にはなりません。活用できる範囲のものを有効に活用して問題解決をはかるしかないわけです。そこに創意工夫や知恵や訓練が必要になるのです。

現在、世界的な企業にまで成長したソニーやホンダも、かつてはわずか数人の町工場から出発したのです。それ以前の例としては、パナソニック（松下電器）があります。これらの企業では、最初から人材や資金が豊富にあったわけではありません。

〝資源の不足を補うものが知恵である〟
ということをしっかり胆に銘じてください。資源の活用のしかたが大事だという意味です。

入力（手段）の不足をプロセス（活動）で補完できるとしても、その活動の仕方が適切でない場合には、逆に問題を発生させることがあります。「やり方がまずかった」という問題点は、このようにプロセスにおいて不手際や不具合が生じた場合を言います。

プロセスにおける問題点は、先にも述べたように、活動の仕方を詳細に分析してみると発見できます。通常の場合はプロセスにおける問題点も入力における問題点と同じように、問題解決者が、自ら改善できる問題点であると言えます。

問題形成には**立場**が大切であると先に触れました。じつは立場によって「対策のとりうる範囲」もちがってきます。それは立場によって権限の範囲が異なるからです。課長ならば、課長としての権限の範囲内で問題に対処しなければなりません。

権限が異なるということは、制約条件が異なることを意味します。主任よりは課長のほうが、課長よりは部長のほうが、通常はとりうる対策の範囲が広く、それだけ制約が少ないでしょう。

それでは最高経営者である社長ならば、いっさい制約はないかというと、さにあらずで、社長には、対政府、対労働組合、対消費者、対地域社会、対金融機関、対株主などの対境関係的な――企業外部の利害者集団に対する――制約が与えられているのです。

このように考えてくると、制約条件の枠内で解決できる対策と、その枠内では解決できない対策があることがわかります。入力とプロセスの中にある問題点は、与えられた制約条件の範囲内で解決できる問題点であると言えます。

これを**権限内の問題点**と言います。

ところが、ある立場の人が、その人に与えられた制約条件に対しては、まったく対策の立てようがないかというと、そうではなく、先に述べたように「自分では手に負えないという問題点」というのは、制約条件の中から見つけ出した問題点になります。

これを**権限外の問題点**と言います。

したがって、「できない範囲」といっても、権限外の事柄はまったく手も足も出ないかというと、そうではなく、権限外の制約条件に関することであっても、場合によっては対策が可能です。

「自分の権限はこれしかないから、これ以上のことはできない」

「これは他部門が絡んだ問題なので、自部門だけでは対応できない」

「自分の考えとはちがうが、上司の方針だから従うしかない」

これらの意見は日常よく見られるものです。

しかしながら、自分の権限の範囲でしか、物事を考えられない人と、自分の権限を超えて、「他人をどのようにインボルブして協力させていくか」を考えられる人とでは、当然

できる範囲とできない範囲がある

ながら成果に大きな差が出てきます。

「権限外だから、制約条件だから」といって手をこまねいているだけでは、進歩がありません。制約条件に関する事柄であっても、それが問題の原因と考えられるのであれば、一応は「権限外の問題点」とはなりえないかどうかを考慮してみましょう。もしなんらかの対応がとれるのであれば、その制約条件は「権限外の問題点」となりうるのです。法律や天候などの制約条件は問題点になりえないでしょうが、会社の方針や制度などはもっていき方によっては変えられます。

もう一度、「自動車事故」のケースを思い出してください。「道路の凹凸」と「雨降り」という制約条件は事故の原因と考えられましたが、この場合、「雨降り」のほうは、どうにもならないとしても、問題の再発を防ぐには「道路の凹凸」はなんとかすべきです。この場合、自分が直接手を下すことはできないとしても、道路管理者である役所へ依頼すればよいわけです。つまり、「道路の凹凸」は、権限外の問題点になりうるのです。

「できない範囲」といっても、自分の権限の範囲ではできないということであり、他者の権限を活用すれば可能な場合があります。だから「できる範囲」をより拡大するには権限外の問題点をできるだけ数多く見つけ出して、なんらかの対策を考え出すのが〝知恵者〟であると言えます。それによって自己の権限の枠を打ち破ることも可能です。こうした積極的な問題意識によって職務拡大や職務充実が可能になるのではないでしょうか。

5 解決策を考える

1 対策はアイデアではない

問題解決研修では、アイデア会議やブレーンストーミングがしばしば用いられます。

「新製品の売上を伸ばすには、どうしたらよいか」

「お客様からの苦情を少なくするには、どうしたらよいか」

こうしたテーマで各人に自由に意見を言わせるのです。ＫＪ法と組み合わせて、無記名でカードに意見や不満などを書かせたりします。

こうしたやり方には、いくつか疑問があります。第一の疑問は、ブレーンストーミングやフリーディスカッションで出てきた意見は、果たして問題解決に役に立つのであろうかというものです。

問題というのは、原因があって生じるものであり、問題解決というのは、原因と結果の因果関係を明確につかまえ、くり返し述べたように、問題点をはっきりさせた後に、はじめて解決策が考えられるのです。いかに卓抜な意見であり、また新奇な発想であったとしても、「問題との因果関係が確認できないものは、解決策とは言えない」でしょう。なぜならば、そのアイデアを実施して、問題が解決できるという保証がないからです。

もしそうしたアイデアが問題解決に有効である場合は、それは必ず、問題の原因に対して、なんらかの効果を持っているということになり、逆にその原因は何であるかが明らかになるでしょう。

「新製品が売れない」というケースでは、その売れない原因が必ず存在するはずです。同じように「苦情の発生」のケースも、その原因を追求する必要があるわけです。

原因分析を省略して、問題に対していきなり対策を出させるのは、思考の上で飛躍があります。

「これからどんな製品が売れると思うか」

「お客様はどんなサービスを期待しているか」

こうしたテーマでのアイデア会議であれば、ブレーンストーミングやその他の発想法が役に立つかもしれません。この点、問題解決訓練は創造性開発訓練とは異なるということを理解していただきたいと思います。

第二の疑問は、参加者に「自由に発言し、意見を言ってください」と言っても、なかなか意見が出にくい場合が多いのではないでしょうか。組織が活性化していて、地位や肩書に関係なく、自由にものが言える風土であれば別ですが、古い体質の官僚的な組織においては、〝つまらぬ意見〞を言ったとして減点になりかねないからです。

もともとブレーンストーミングのルールでは、「他人の意見にケチをつけてはいけない」というものの、〝言い出しっぺ〞になって、「発言の責任をとらされては大変だ」という意識が働く人も少なくないでしょう。

これまで述べたように、構造的な問題分析においては、目に見える事実だけではなく、ブラックボックスを論理的に推論して、目に見えない、かくれた事実を補って総合的に問題点を見つけるようにします。

与えられた情報を体系的な方法に従って分析していくと、誰がやってもほぼ同様の結果になります。問題点さえ共通に認識できるならば、「やらなければならない」ことが何かわかってきます。そうすると、解決策も必然的にある方向に収斂していきます。

与えられた情報から感覚的、直感的に出てきた意見やアイデアでは問題点の見逃しがあっても、それに気がつきません。簡便式のＫＪ法では、出てきたカードが、事実を述べた

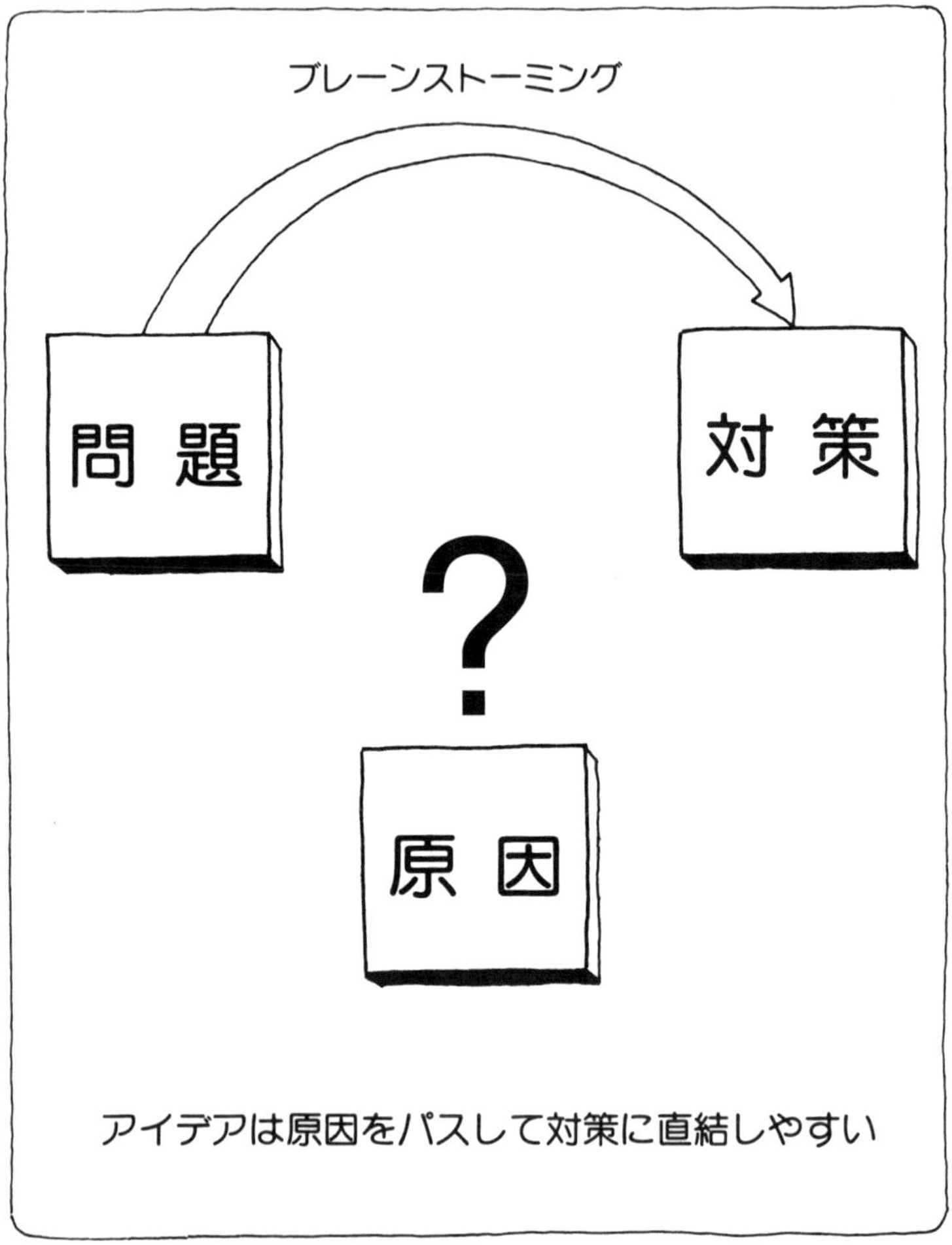
ブレーンストーミング
問題
対策
?
原因
アイデアは原因をパスして対策に直結しやすい

ものか、感想を述べたものかはっきりせず、また、欠けている事実が何かがわからないという欠点があります（累積ＫＪ法で反復して情報収集を行えば、その欠点を少なくできるかもしれませんが、それには時間がかかりすぎるきらいがあります）。

問題を構造化して原因を解明し、その中から問題点を絞り、それらの問題点に対して対策を考えるという、問題解決のステップに従えば、無関係なアイデアの検討にむだな時間をかける必要はなくなります。

第三の疑問は、ブレーンストーミングなどで出てきたアイデアの整理の仕方についてです。よく見られるのは、似たような意見をまとめて、それらにタイトルをつけるやり方です。こうしたやり方をつづけていくと、「事実をもって語らしめる」という手法から、だんだん遠のいていって、最後には、きわめて抽象的なタイトルになる傾向があります。

問題解決においては、抽象的な対策は実際的ではありません。対策というのは、「どうすれば、どうなるか」という、操作可能なものでなければならないからです。

「コミュニケーションをよくする」

「リーダーシップを発揮する」

「人間関係を改善する」

こうしたタイトルは、実際的な対策とはほど遠いものです。

対策はアイデアではない

「どうすれば、コミュニケーションがよくなるか」を具体的に示したものでなければ解決になりません。そして、そのためには、「なぜコミュニケーションが欠けているのか」をはっきりさせる必要があるのです。

「こうすればよい。ああすればよい」というような、やればよいことは無限にあると言ってもよいでしょう。問題解決というのは、このような「やればよい」ことを列挙する思考法ではありません。

やらなければならないことは何かを見つけることが問題解決的アプローチなのです。

2 目標を修正する必要はないか

問題解決は、現状を目標に近づけるためのものであるという前提からすると、目標を修正するという手法には自己矛盾があります。

もともと問題は、目標と現状のギャップですから、目標のレベルを下げれば、当然ギャップもなくなります。

実際、目標が達成できない状況がはっきりしたときに、目標を修正することがあります。たとえば、「月販一〇万台を達成する」という目標があったとして、需要が減ってきて、どうしても販売目標が達成できそうもないときは、いつまでも、その目標に固執するのは賢明とは言えません。

目標が問題解決者の自主的な目標であるならばともかくとして、上から与えられた目標の場合には、勝手に修正するわけにはいかないでしょう。他者と競合して負けている場合やマーケットシェアの奪い合いのような場合には、それなりの打つ手ややり方が見つかるかもしれません。

ところが、全体の需要そのものが底をついたような場合や消費者のニーズが変わってしまったような場合は、市場そのものが存在しなくなったと言えるので、当初の目標にこだわっても仕方がありません。商品のライフサイクルが成熟期を超えて下降期にある場合も同じです。

このような場合には、市場調査の結果を携えてトップを説得し、目標のレベルダウンを認めてもらうか、あるいは目標の転換をはかる必要が出てきます。売上や利益などのゴールに変更がないとしても、下位目標であるターゲットを当初の内容から別の内容に質的に変換するのです。

目標を修正する必要はないか

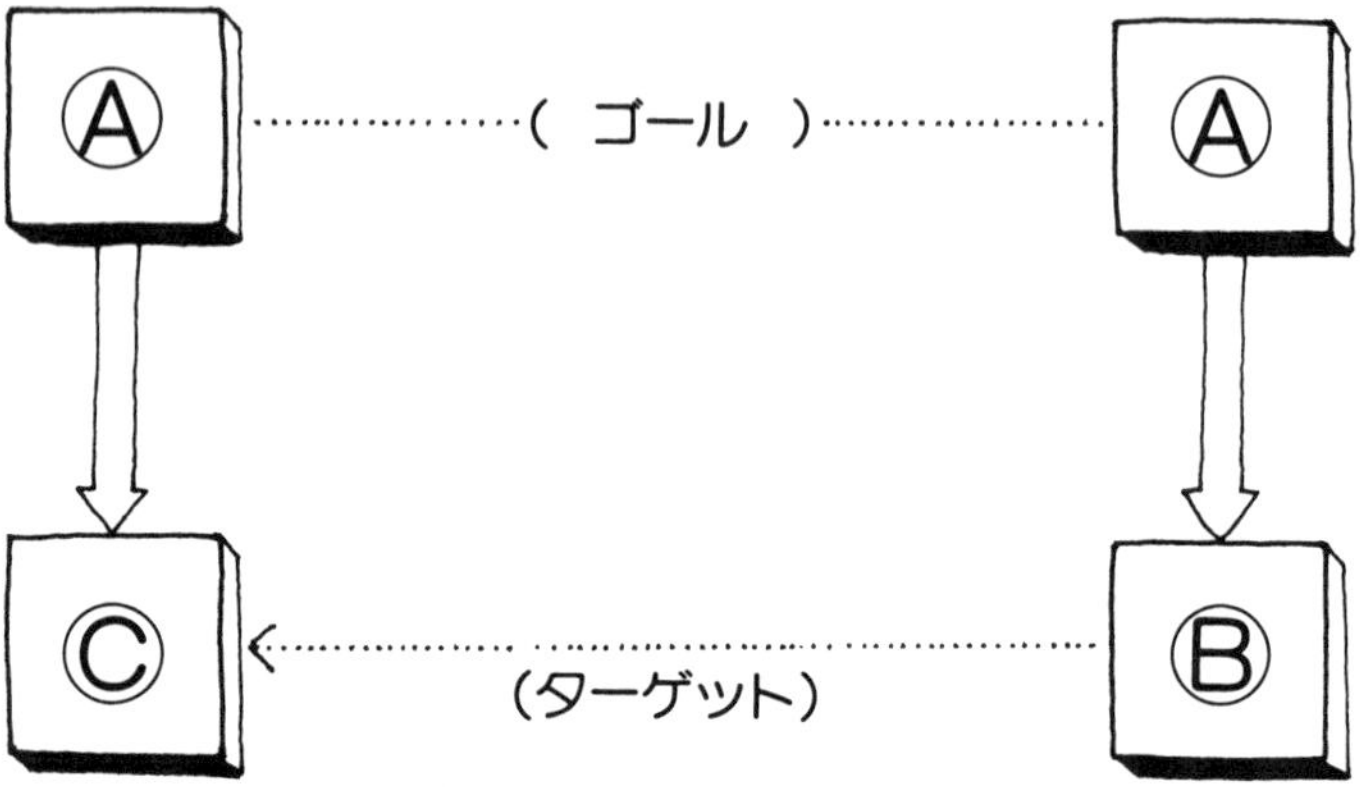

目標の転換をはかる必要がある場合もある

目標には段階があることは、先に述べたとおりです。最終目標をゴールとすれば、問題解決者の立場の目標はターゲットになります。

目標を修正する場合、ゴールの修正はむずかしいと言えますが、ターゲットの修正は、場合によっては可能です。

当初Bという商品の販売によってゴールを達成しようとしていたが、Bの需要が減退し、このままでは予定の販売量を確保できそうもないことがわかった場合には、別の商品Cを取り込んでターゲットの質的転換をはかるような場合です。

複数のターゲットを目標としている場合には、これらをバランスよく追求できれば問題ないのに、往々にして一方のターゲットの達成に夢中になってしまい、もう一方のターゲ

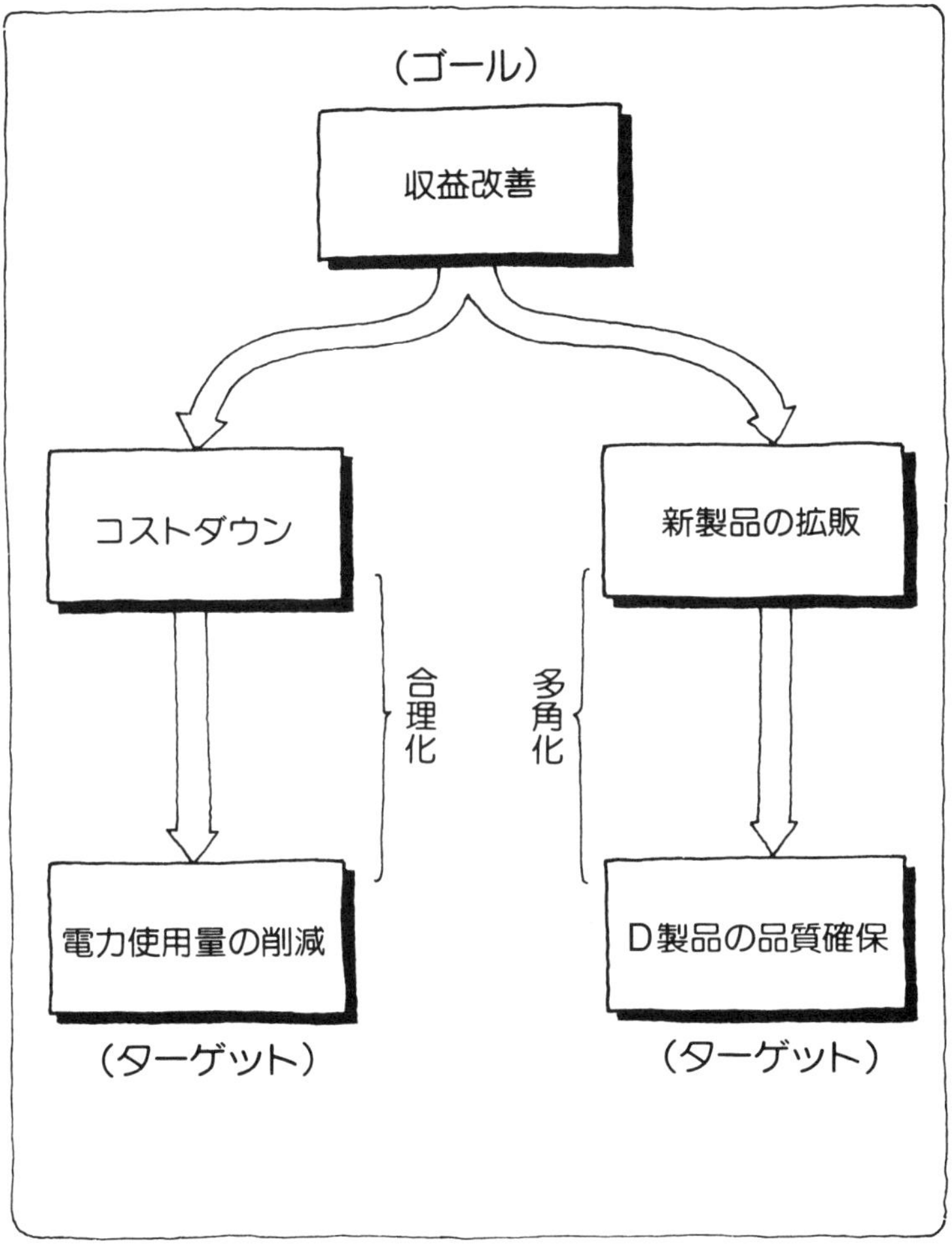
(ゴール)
収益改善
コストダウン
新製品の拡販
合理化
多角化
電力使用量の削減
D製品の品質確保
(ターゲット)
(ターゲット)

ットのほうで問題を起こすことがあります。よくある例としては、合理化と多角化を目ざした複数ターゲットの場合です。

合理化の狙いはコストダウンにあります。ある工場で製造課長がコストダウンをはかるために電力使用量の削減のプロジェクトに取り組んでいたとします。製造課長は他に本来業務としてD製品の品質確保に取り組んでいます。D製品の品質確保によって新製品の拡販が期待できます。会社全体のゴールである収益改善は、この合理化と多角化によって達成されるようになっています。

このケースで製造課長が、一方のターゲットである省エネプロジェクトに注力したために、他方のターゲットであるD製品の品質確保が手薄になってしまい、不良品を生産してしまったとすれば、対策を立てるに当たっての修正目標は、品質の確保をしばらく重点目標に置くということになります。

一般に、合理化を推し進めてゆくと、品質や安全に問題が生じやすくなります。反対に、品質や安全の確保に力を入れすぎると余分の経費がかかり合理化に逆行しがちです。このように矛盾した関係にあるターゲットを同時に達成しようとするときには、うまくバランスをとらないと、どちらかの目標の達成が不完全になり、問題を起こしやすいのです。

最後に、目標の質的なレベルダウンの例を挙げてみましょう。

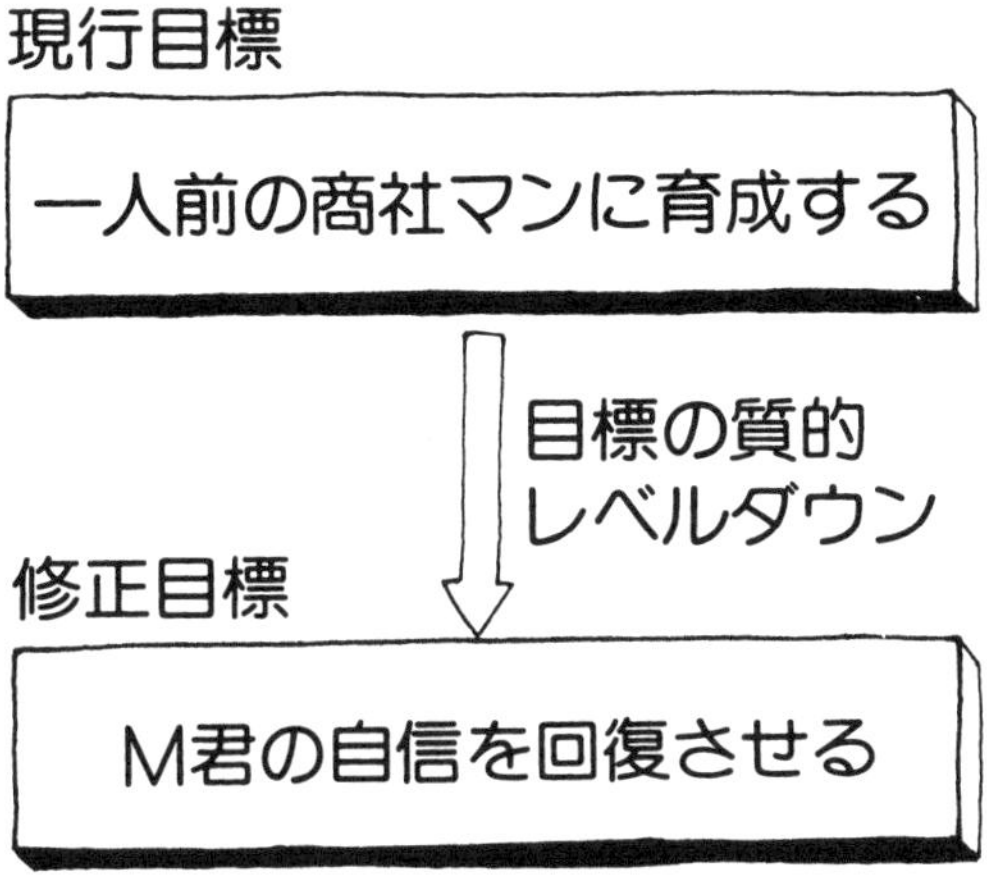

売上一〇万台→売上五万台……量的転換
B商品の拡販→C商品の拡販……質的転換

ということでしたが、質的な転換でありながら、同時にレベルダウンともなる修正目標があります。

商社の営業課長が、二年以内に新入社員のM君を一人前の商社マンに育成するという目標を持ったとした場合、二年経ってもM君が一人前どころか、むしろ自信をなくしてしまったというケースについて考えてみます。

「M君を一人前に育成する」という当初のターゲットは現状では高すぎる目標であり、一人前に育成する前に「M君の自信を回復させる」ほうが先決です。このような目標の変更は、質的転換であると同時に、一種のレベルダウンであるとも言えます。

3 応急処置としての当面策

対策には、**当面策**と**根本策**があります。

根本策は、問題を引き起こした原因に対する対策です。それに対し、当面策というのは、現状そのものに対する臨時の対応を言います。

当面策は、次のような場合に必要になります。

① とりあえずの一時的対応――応急処置
② 緊急を要する場合の対応――緊急対応
③ 事実確認のための事情聴取――情報収集

たとえば、屋根のどこかに異常があって、「雨もり」がするケースについて考えてみましょう。

「屋根を修理するまで、とりあえず洗面器やバケツで雨もりを受ける」

というのが応急処置であり、当面策です。

けがや病気で苦痛を訴えているようなケースでは、

「鎮痛薬を投与して、苦痛を抑える」

「救急車を呼んで病院に運ぶ」

「家族や関係先へ至急連絡をとる」

というような一連の緊急の行動が当面策に当たります。

また、機械や設備に異常を発見したようなケースでは、

「とりあえず、修理日までもつよう手当てする」

「故障や事故に発展しないように緊急処置をとる」

「どのような異常か、いつ頃から異常に気づいたかなどについて事情聴取をする」

というアクションも当面策と言えます。

よくあるケースとしては、不良品を納入したり、事務手続きをまちがえたりして苦情が発生したような場合です。

「お客様やユーザーのところに謝りに行く」

「完全な良品や伝票を至急納入する」

「なぜ手違いが起きたかの理由をはっきりさせ、説明や報告をする」

「同じような種類の苦情が他所でも起きる可能性がないか調べてみる」

これらは、いずれも根本策を取る前の一時的な対応です。

このように、当面策というのは、起きた結果に対しての事後処理であるということがで

きます。現状の事態をこれ以上悪化させないための、とりあえずの便法であって、再発を防ぐための抜本的な対策とは言えません。

当面策も問題解決の一部にはちがいありませんが、これらはあくまでも問題が発生した後の**事後処理**にすぎません。事後処理をいかに上手に行ったところで、問題の真の解決にはなりません。問題の再発を防止する対策とはならないからです。

本当は、起きてしまった事故や苦情は、いまさらどうにもなりません。確かに、〝禍を転じて福となす〟ように、事後処理をうまくやれば、逆に相手からの信頼を得て、その後の関係がよりスムーズにいくというケースもあるでしょう。しかしながら、再発防止の対策がなされなければ、むしろ〝口先だけ〟と思われ、信用を失いかねません。

国産のオートマチック車が急発進したり、急にスピードが上がって事故を起こし、海外で問題になった例がありました。この問題に対しては、

「運転者が慎重に車を操作すれば、事故にならないことを指導する」
「これまで操作ミスでけがをした人に対しては、相応の補償をする」
「新聞などを通じ広報活動を行って、企業イメージの低下を防ぐ」

などの対策が考えられるでしょう。

しかし、これらは、あくまでも問題の事後処理であり、当面策にすぎません。一時的な

対応にはなるにしても、ユーザーの信頼を確保する根本的な解決策とはならないでしょう。

それでは、このケースの根本策はとなると、

「同種のオートマチック車を全部回収して、安全装置を取りつける」

という対策になるでしょう。この対策には費用がかかるにしても、会社の信用を失うということより大きなコストに比較すれば、むしろ安い、望ましい策であると言えます。

一般に、同じような事故や苦情が反復して起こる場合には、仕事の進め方や装置の操作の仕方などに、まちがいを犯しやすい欠陥があると考えることができます。いわば、仕事のシステムや装置のシステムに構造的な欠陥があると考えられるわけです。このような欠陥を見つけ出して直さないかぎりは、同じような問題が再発するでしょう。当面策は、あくまでもこのような根本的対策をとるまでの一時的な対応にすぎません。

〝企業は解決すべき問題の集合体である〟

というマクドノウの言葉どおり、職場では毎日が問題解決の連続であると言ってもよいでしょう。手違いやミスから苦情や事故が次々と起こります。

ところが、こうした問題解決も、よく考えてみると、その場しのぎの単なる応急処置にすぎない場合が多いのではないでしょうか。

「お客様や関係先に謝りさえすれば、どうにかなる」というのでは、〝喉元過ぎれば何と

応急処置としての当面策

やら〟で永久に問題の再発は防止できないでしょう。重要な問題ほど、また、くりかえし起こる問題ほど当面策だけでよしとせずに、原因の究明に当たってほしいものです。「火を消して歩く」のを当面策であるとすれば、なぜ火が起きるのかと、その原因を究明して、「火の出る元をただす」のが次節で述べる根本策です。

4 戦術レベルの根本策

対策には、当面策と根本策があると前節で述べました。当面策は問題の事後処理であり、応急処置にすぎないこと、問題の再発を防ぐための根本的な対策は、問題発生の原因をよく調べた上で、その原因を取り除くことであるということでした。

問題の原因までさかのぼって検討し、問題点をつかんだ上で、それに対して手を打つことを根本策と呼ぶことにします。そして、根本策には、よく考えてみると、自分が直接手を下せるものと、直接タッチはできないが、誰かしかるべきところに依頼して手を打ってもらう必要があるものとがあることがわかりました。

「飲酒運転をして横転事故を起こした」というケースについて問題の構造を図解して考えてみましょう。

目標は「目的地に安全に着く」ことだとします。結果として「横転事故が起きた」というトラブルは、この目標が実現できなかったことになり、まさに目標と現状の間にギャップが生じたわけです。

それでは、なぜ事故が起きたかについて考えてみましょう。まず、原因の第一は「入力」にないかを検討してみます。入力が不足したり、不適切であれば問題が生じることはすでに述べたとおりです。また、入力は目標達成の手段であることも前に説明しました。

このケースでは入力は、「飲酒運転」になります。飲酒運転が「目的地に安全に着く」ための手段であるというのは、少しおかしいと思われるでしょう。それも道理で、このケースにおいては、最初から手段が不適切であるという入力ミスがあり、問題点の一つとなっているのです。

次に「プロセス」について考えてみましょう。入力と出力の間にあるのがプロセスです。「横転事故」という出力は、入力とプロセスから出てきた結果です。「横転事故」は「飲酒運転」にも原因がありますが、飲酒運転をしたからといって、いつでも事故を引き起こすわけではありません。

飲酒運転が引き金になるかもしれませんが、慎重に運転して途中のプロセスをうまく切り抜ければ、事故の発生は防げたかもしれません。このケースのプロセスでは、具体的に

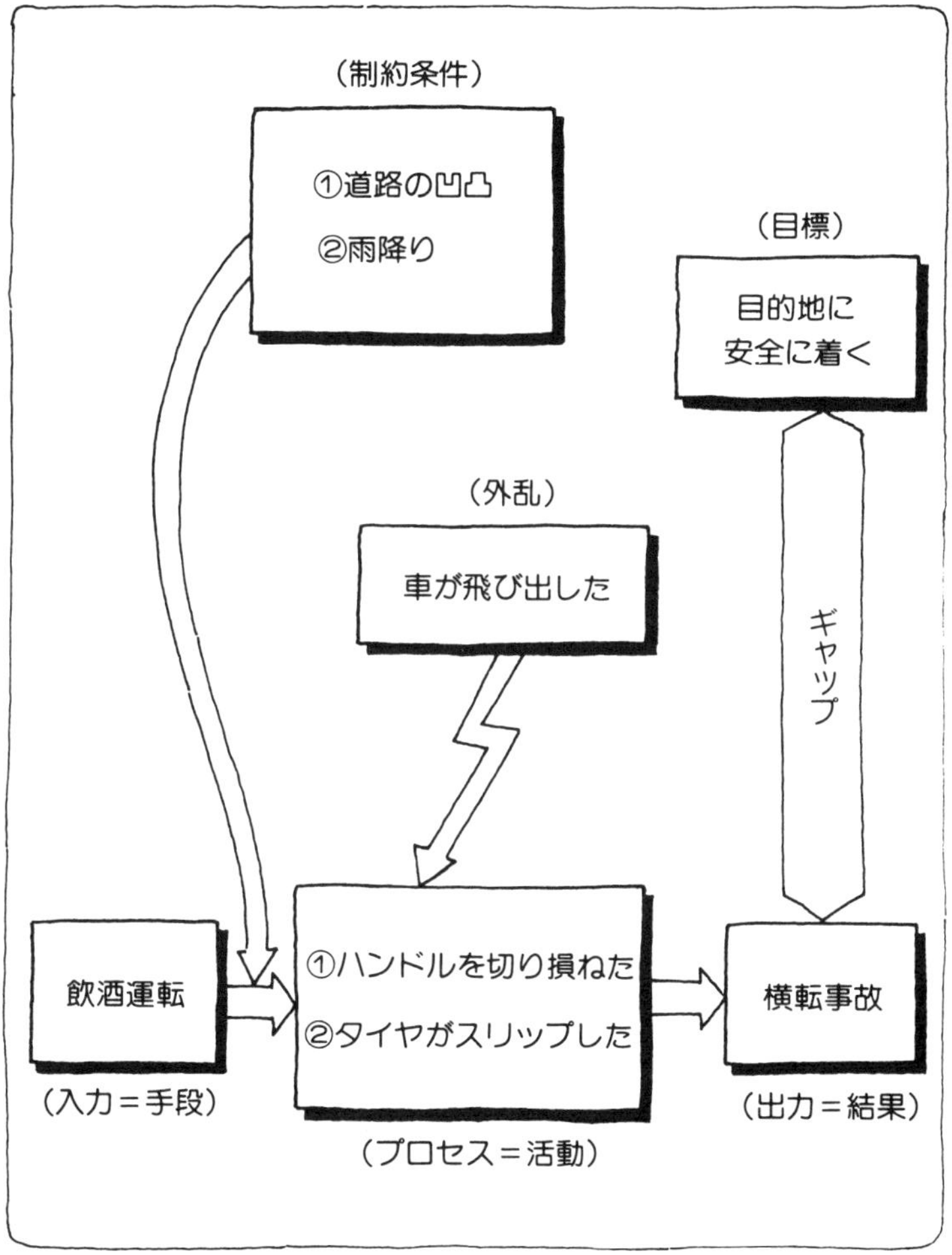

（制約条件）
①道路の凹凸
②雨降り
（目標）
目的地に
安全に着く
（外乱）
車が飛び出した
ギャップ
飲酒運転
①ハンドルを切り損ねた
②タイヤがスリップした
横転事故
（入力＝手段）
（プロセス＝活動）
（出力＝結果）

どのような活動が見られるでしょうか。

① ハンドルを切り損ねた

② タイヤがスリップした

というのが実際の「行動の事実」か、あるいは「推論される事実」です（本人が、意識がはっきりしており、①と②を事実として認めれば、行動の事実となり、本人がけがでもして意識不明の場合には、第三者が推論した事実になります）。

二つの事実は、飲酒運転という入力がなくても起こりえます。そして、この①と②の活動のいずれか、あるいは両方によって横転事故が起こったと考えることができます。したがって、これらも問題の原因であり、問題点となるわけです。

そこで、事故発生の原因であり、対策のとれる問題点は次の三つとなります。

飲酒運転――入力の問題点

ハンドルの切り損ね ┐
タイヤのスリップ　 ┘― プロセスの問題点

三つの問題点は、いずれも「横転事故」という出力に対して**直接的な原因**と考えられるものです。

これらは、問題解決の当事者が直接手を打つことができる問題点です。「飲酒運転」に

対しては、

「今後、車の運転をする際には酒を飲まないようにする」というのが対策になります（飲酒運転は、それ以前に法律違反でもあり、「してはならない」という問題点になります）。

次の「ハンドルの切り損ね」に対しては、

「前方注意を怠らない」

「スピードを出しすぎない」

「運転技術を向上させる」

などの対策が考えられます。

また、「タイヤのスリップ」については、

「急ブレーキをかけない」

「スピードを出しすぎない」

「別の種類のタイヤに交換する」

などの対策が見つかるでしょう。

これらの対策は、当事者がすべて直接手を下せるものばかりです。直接手が打てるということは、言い方を換えると、これらは「権限内の問題点」であるということになります。

このように、自己の権限の範囲内で対応できる解決策を**戦術レベルの根本策**と呼ぶことにします。

ところが、事故が起きたときの状況を調べてみると、次のような事情が判明したとします。

①「道路の凹凸」がひどかった

②運転時に「雨降り」であった

これらは、先に述べた制約条件に当たります。制約条件は、問題発生の**間接的な原因**と考えられるものです。

というのは、「道路の凹凸」を避けようとして、「ハンドルを切り損ねた」とも言えるし、「雨降り」のために「タイヤがスリップした」という見方もできるからです。こうした条件さえなければ横転事故は起きなかったかもしれません。

さらに状況を調べてみると、事故の直前に横から急に「車が飛び出した」という事実が判明したとします。この突発事件によって、先ほど検討した「急ブレーキによるタイヤのスリップ」や「ハンドルの切り損ね」が起きたという事態も考えられます。

この突発事件は、こちらがどんなに用心しても防ぎようのない事柄であって、これは外乱です。**外乱**は、入力が行われたときから存在する制約条件ではなく、また、自らの活動

戦術レベルの根本策

の過程で生じた不手際や不具合でもありません。プロセスの外から突然に発生した「予期せぬ出来事」であり、不可抗力的障害です。

制約条件は間接的な原因とみなされますが、外乱はむしろ直接的な原因とみなされます。「車が飛び出した」ことが横転事故の直接的なキッカケとなったと考えられるからです。

では、このケースの制約条件と外乱は、問題点になりうるでしょうか。「道路の凹凸」に対しては、当事者が直接手を下すことはできませんが、道路管理者である市役所や町役場へ申し出て、「危険なので修復してほしい」と言って直してもらえるでしょう。

これは権限内の問題点ではないが、「権限外の問題点」であると言えます。このように自分の権限を超える事柄であっても、それに関する権限をもつ他者や機関を活用して解決できる場合には、これを**戦略レベルの根本策**と呼ぶことにします。

ところが、もう一つの制約条件である「雨降り」のほうは、気象庁へ陳情してもどうにもなりません。また、外乱に対しても外部から起こった突発事件では手の打ちようがありません。したがって、二つの事柄は、**原因であっても問題点にはならない**のです。

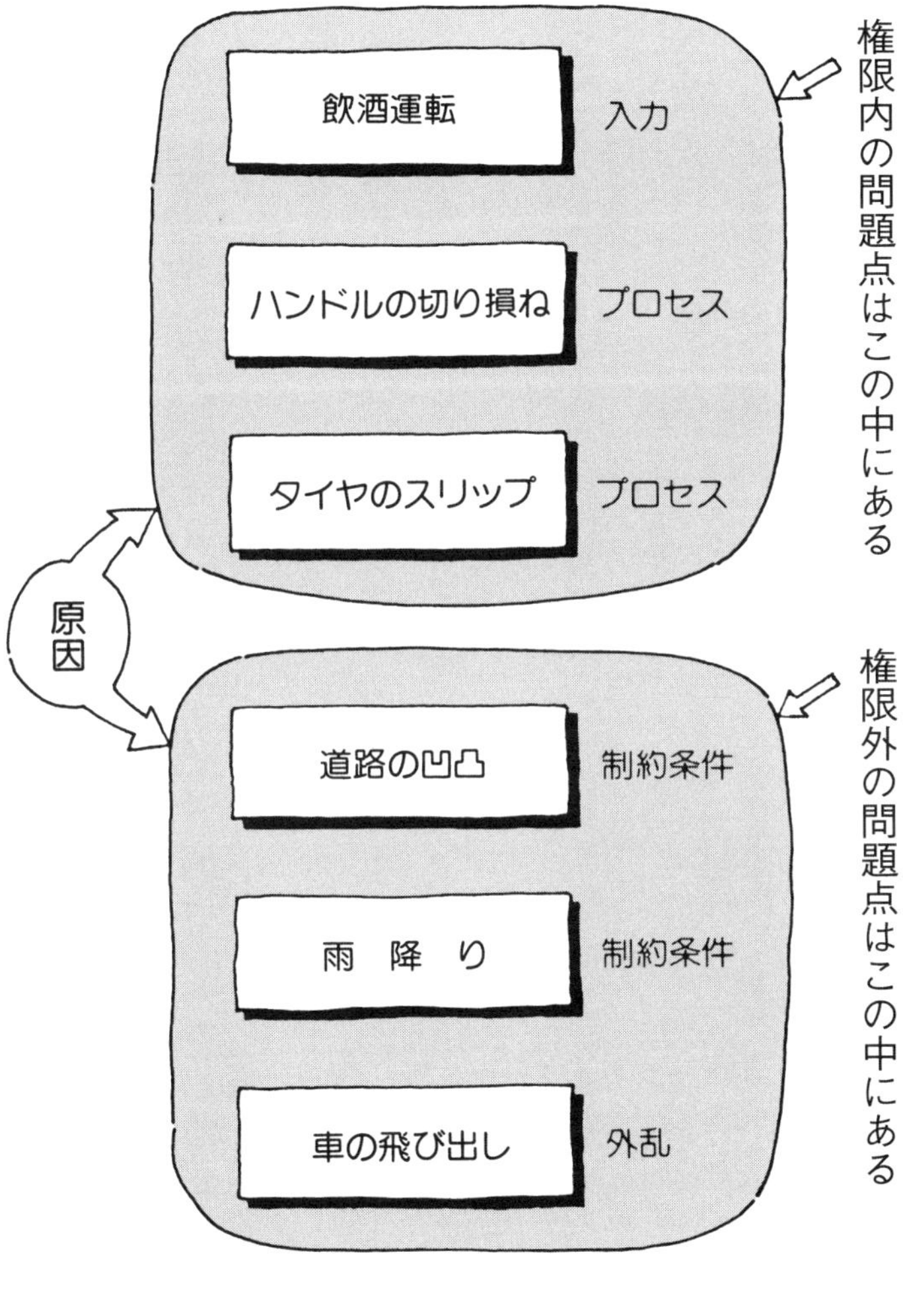
飲酒運転
入力
ハンドルの切り損ね
プロセス
タイヤのスリップ
プロセス
権限内の問題点はこの中にある
原因
道路の凹凸
制約条件
雨　降　り
制約条件
車の飛び出し
外乱
権限外の問題点はこの中にある

5 戦略レベルの根本策

前節で、根本策には二種類あると述べました。それらは、戦術レベルの根本策と戦略レベルの根本策です。そして、問題点との関係で言えば、

権限内の問題点⇩戦術レベルの根本策
権限外の問題点⇩戦略レベルの根本策

となります。権限内の問題点については前節で触れましたので、同じケースについて権限外の問題点を整理してみます。

道路の凹凸――制約条件の問題点となる
雨降り――制約条件 ┐
車の飛び出し――外乱 ┘― 問題点にならない

このように、権限内の原因は、問題点として取り上げる数も多いのが普通ですが、権限外の原因は、原因の一部と考えることができても、手の打てる余地は少なく、問題点になる場合は多くありません。

もともと制約条件というのは、ある手段（入力）を選択したり、活動（プロセス）を展

開するに当たってこれらを制約し、目標達成を阻害する条件です。したがって、単純に考えるならば、「動かせる」ものは制約条件の定義とは反するわけです。たとえば、国の法律や会社の規則などは制約条件の典型的な例です。同じルールであっても、一企業が国の法律を変えさせることはできませんが、自分の会社の規則はトップが必要と認めるならば変更可能でしょう。時間さえかければ、法律の改定を働きかけ、成功することも絶対に不可能とは言えませんが、現実の問題解決においては、対策を考える時点で実行可能な案でなければ意味がありません。

外乱の場合も同じです。外乱はすでに述べたように、ある手段（入力）を選択した時点では存在しなかった〝予期せぬ出来事〟が活動（プロセス）を始めた途中で突然に起こることを言います。

制約条件は、入力の時点で存在する客観的事実で、問題解決者のおかれている**状態**を意味しています。これに対して外乱は、入力した後で不意に生じる**事件**を意味します。

外乱は、外部から生じる不可抗力的な事態であるとしても、いかなる場合も絶対に対策がとれないわけではありません。たとえば、国が内需拡大策として、港湾、空港、新幹線などの整備事業を計画していたとしましょう。これらの国家プロジェクトを当て込んで自社の設備投資をしていた会社が、国家プロジェクトの突然の中止によって打撃を受けたとします。

このケースでは、「国家プロジェクトの突然の中止」が外乱になりますが、これは国の政策の変更ですから一企業としてはどうにもなりません。しかし、これに対して絶対に手の打ちようがないかと言うと、

「業界が一団となって、その国家プロジェクトの計画推進を政府に働きかける」

という方法が考えられるわけです。しかしながら、これには時間や費用がかかるわけですから、説得力のある現実的な案かどうかをよく検討する必要があります。

いずれにせよ、制約条件と外乱の中から問題点を見つけ出すのは簡単ではありません。最初は、すべての事項が解決不能のように見えます。しかし、注意深く一つ一つを検討してみると、対応可能なものが見つかるようになります。

問題形成を行ってみて、制約条件を明確にし、それらの中から問題点を選び出し対応策を考えることを**戦略思考**と言います。外乱は、一過性のものを除き対策を立てる時点では、すでに発生し存在しているので制約条件に転化します。

「官僚的体質があって、顧客サービスの意識に欠ける」

「バイオ技術者が不足して、開発プロジェクトがうまく進まない」

「販売拠点の数が少なく、量販ができず、なかなかコストダウンができない」

「新しく開発した商品は、これまでの販売チャネルにはのりにくい」

これらのケースでの問題点は次のようになります。

官僚的体質
技術者不足
販売拠点不足
従来の販売チャネル

} 問題点となりうる制約条件

これらの問題点は、現時点では、経営計画を立てる場合や企業活動を展開するに当たっての大きな制約となっています。そこで、これらの制約条件を取り除くか、条件を緩和できるならば、とりうる手段や活動の範囲が広がります。これを可能にするのが戦略なのです。

「戦略は戦術を規定する」という言葉があります。戦略のとり方がまずければ、制約が大きいために思うような戦術がとれないことを意味しています。戦争の場合に布陣が悪ければ、第一線の部隊長がいくら頑張っても戦いに負けてしまいます。

もともと戦略というのは、軍事用語であり、軍隊・兵器・予算・情報などの軍事的資源のアロケーション（配分、配置）を意味しています。近年、経営戦略とか、企業戦略という言葉が聞かれますが、これも経営資源――ヒト、モノ、カネ、情報――のアロケーションと考えれば符合するわけです。

与えられた制約の下での対策が戦術であり、制約条件そのものを動かすのが戦略である。戦略によって制約条件を動かし、企業活動の流れを大きく変えることが可能になるわけです。

制約条件の中から問題点を選ぶ場合には、次のような手順が必要です。

① 制約条件の中で、手の打てるものを探す

② 手の打てるものの中から、手を打つ必要のあるものを選ぶ

先に、制約条件の問題点は、「問題点である」というよりは「問題点になりうる」と表現するのが適切であると述べた意味は、手が打てても、必要がなければ問題点として取り上げ、対策を考える必要がないからです。たとえば、「体質改善」や「規則変更」などの制約条件に対する根本策は、もし戦術レベルの根本策――入力の変更やプロセスの調整など――によって問題が解決できるのであれば、あえて手をつける必要はないのです。

戦術レベルで解決できない場合に、はじめて戦略レベルの根本策へ移るわけです。というのは、一般に戦術よりも戦略のほうが高価につくからです。「一〇万円で解決可能なことに一〇〇万円かける必要はない」からです。

ところが、戦術よりも戦略が上位概念だとすると、戦術よりも戦略のほうが先にあるべ

戦略レベルの根本策

きだと考えられます。確かに、経営計画の最初に戦略計画があり、それを具体的に展開するための実行計画として戦術があるのが普通です。それが、計画どおりに事が進まずに問題が発生する場合には、対策をとる順番は逆になって、戦術が先になり、戦略が後になるのです。この点は、よく理解しておく必要があります。

ここで先に述べた「自動車の横転事故」について、よく出てくる疑問に答えておきましょう。

「雨が降っているときに車を運転しない」

「凹凸のある道路を通らない」

という対策は、制約条件に対するものではないか、という疑問についてです。

これらは、「雨降り」そのもの、「道路の凹凸」そのものに対する対策ではありません。制約条件に対する根本策であれば、「雨を止める」「道路の凹凸をなくす」というものでなければなりません。雨が降っているときに車に乗らないのであれば、なんのために車を所有しているのかわかりません。また、他に道路がない場合には、凹凸のある道路を通らざるをえないわけです。

6 解決策に優先順位をつける

問題解決の最後のステップは、解決策の実施に当たって優先順位をつけることです。問題が発生して、急いで何か処置をとらなければならないような場合には、とりあえず当面策で対処します。

発生型の問題の場合は、緊急の度合いにもよりますが、多くはなんらかの当面策が必要になります。たとえば、事故や苦情のように異常事態発生の場合はとくにそうです。しかし、このような逸脱型の問題ではなく、課題が達成されなかったという未達の場合には、必ずしも当面策を必要としないケースもあります。

探索型や設定型の問題の場合には、緊急を要する問題ではないので、通常は当面策は必要ありません。しかしながら、先にも述べたように、職場で起こる問題の大部分は発生型の問題なので、原則として当面策は必要であると言ってよいでしょう。

次に、原因の中から権限内と権限外の二つに抽出分類した問題点に対する根本策――戦術レベルの対策と戦略レベルの対策――について、優先順位を検討します。問題点が複数ある場合、対策は一つとはかぎりません。問題点一つに対しても対策も一つずつあるという関係ではなく、ある対策がいくつかの問題点に対して有効であるという場合が普通です。逆に、一つの問題点に対して複数の解決策が出る場合もあります。いずれにせよ、最終的に決まった複数の案に対して「どれから先に実施するか」の優先順位をつける必要があります。

ここで「優先順位」という考え方についてはっきりさせておきましょう。

ⓐ、ⓑ、ⓒという三つの対策が出た場合に、次の二通りのケースがあります。

第一のケース→ⓐもⓑもⓒもすべてを実施する。

第二のケース→ⓐかⓑかⓒの一つを実施する。

第一のケースはⓐを最初に実施し、ⓑを次に、ⓒを最後に実施するというような場合です。このようなケースでは、優先順位はⓐ→ⓑ→ⓒとなります。

ところが、第二のケースでは、ⓐを採用すればⓑとⓒは捨てなければなりません。このように相互に両立しえないような関係にある複数の案を代替案と呼んでいます。代替案の場合は、もしⓑを採用してⓐとⓒを捨てたとすれば、ⓑを優先したということになります。

代替案の例を挙げると、「三日間の連休をどのように過ごすか」というケースで、

ⓐ　どこか旅行に出る

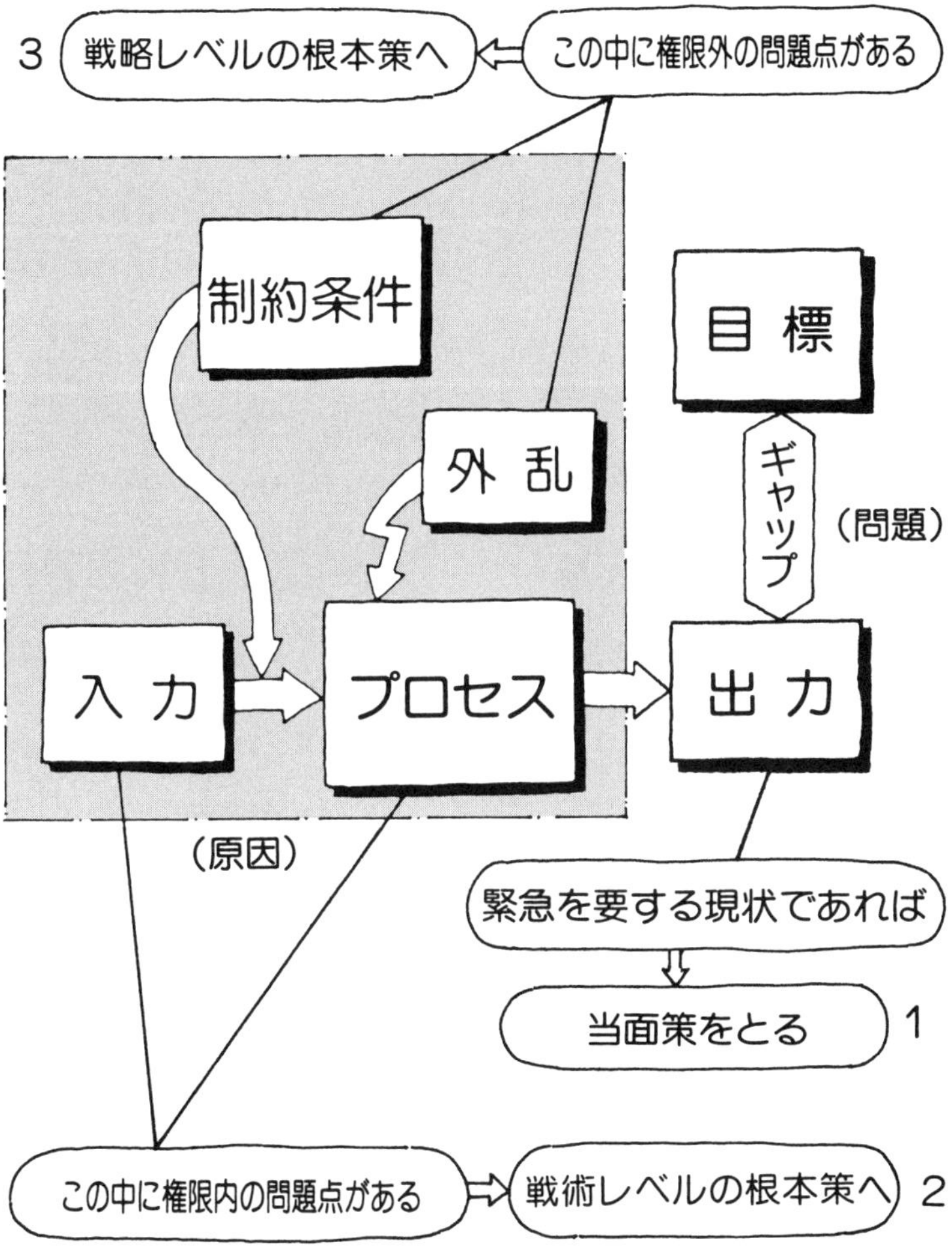
3
戦略レベルの根本策へ
この中に権限外の問題点がある
制約条件
外乱
目標
ギャップ
(問題)
入力
プロセス
出力
(原因)
緊急を要する現状であれば
当面策をとる
1
この中に権限内の問題点がある
戦術レベルの根本策へ
2

ⓑ　ゴルフ場に通う
ⓒ　家で読書に親しむ

という三つの案があるとして、これらはどれか一つを選べば、他の可能性はなくなります。いろいろ考えたあげくⓑを選んだとすれば、三つの代替案の中でⓑを優先したことになります。もちろん、一日をゴルフ、二日目を読書にあてるという案もありますが、このような案まで含めると、代替案の数はその分だけ多くなります。

戦術レベルの根本策と戦略レベルの根本策は、通常は、戦術が先で戦略が後になることは前に述べました。

戦術は権限内の問題点に対するものなので、問題解決者がやる気にさえなればできる事柄です。それに対して、戦略は権限外の問題点に対するものであり、対策を実行させるために、他部門やトップへの説得など「もっていき方」に工夫が必要です。

このように、問題解決の場合は一般的に戦略が後回しになります。しかしコスト・パフォーマンスの角度から例外的に順序が逆になる場合もあります。一時的に費用はかかるが、長期的に見て大きな効果が期待できる場合に思い切って戦略レベルの根本策をとり、方向転換をはかるような場合です。

「国内生産を中止して、海外生産に切り替える」

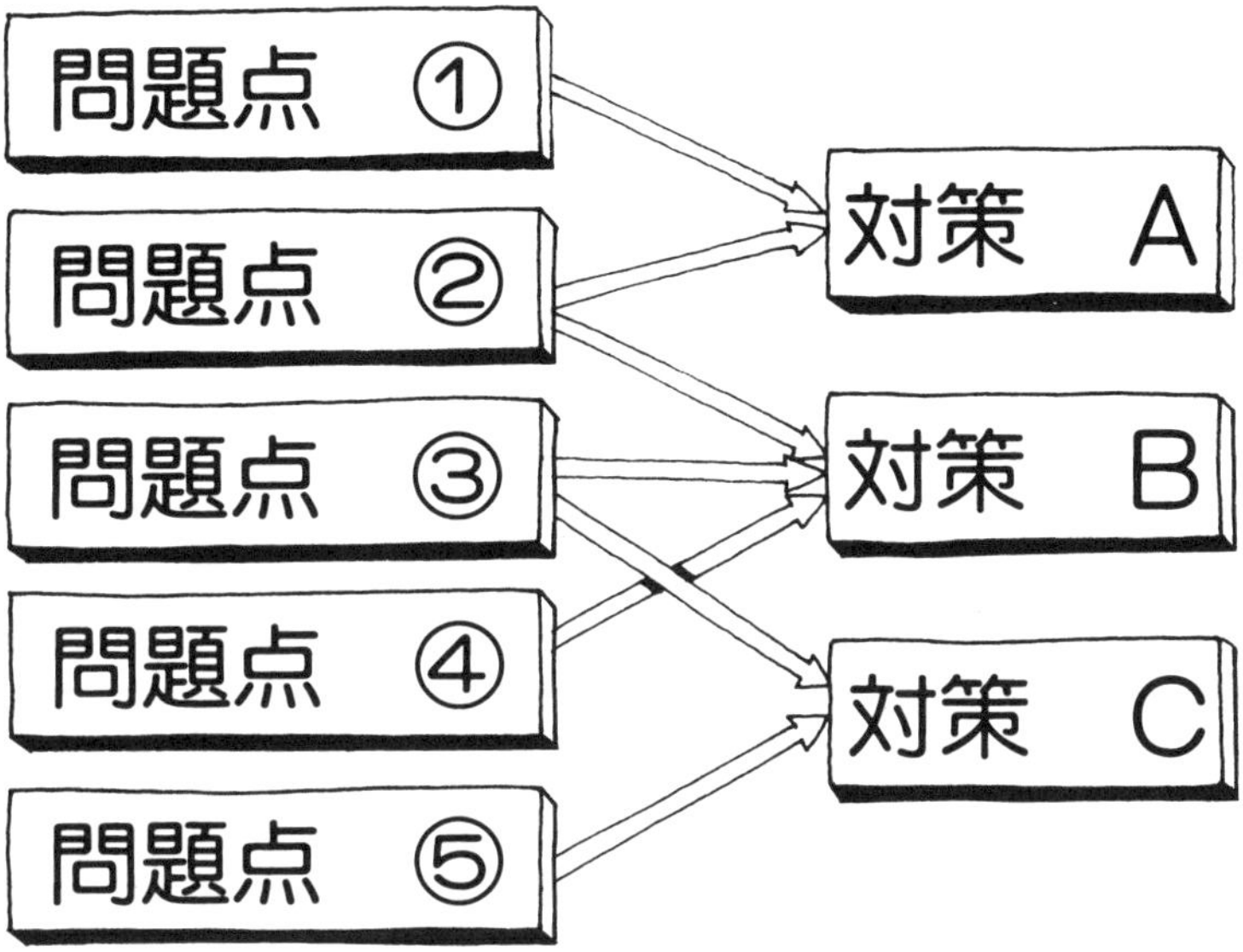
問題点　①
問題点　②
問題点　③
問題点　④
問題点　⑤
対策　A
対策　B
対策　C

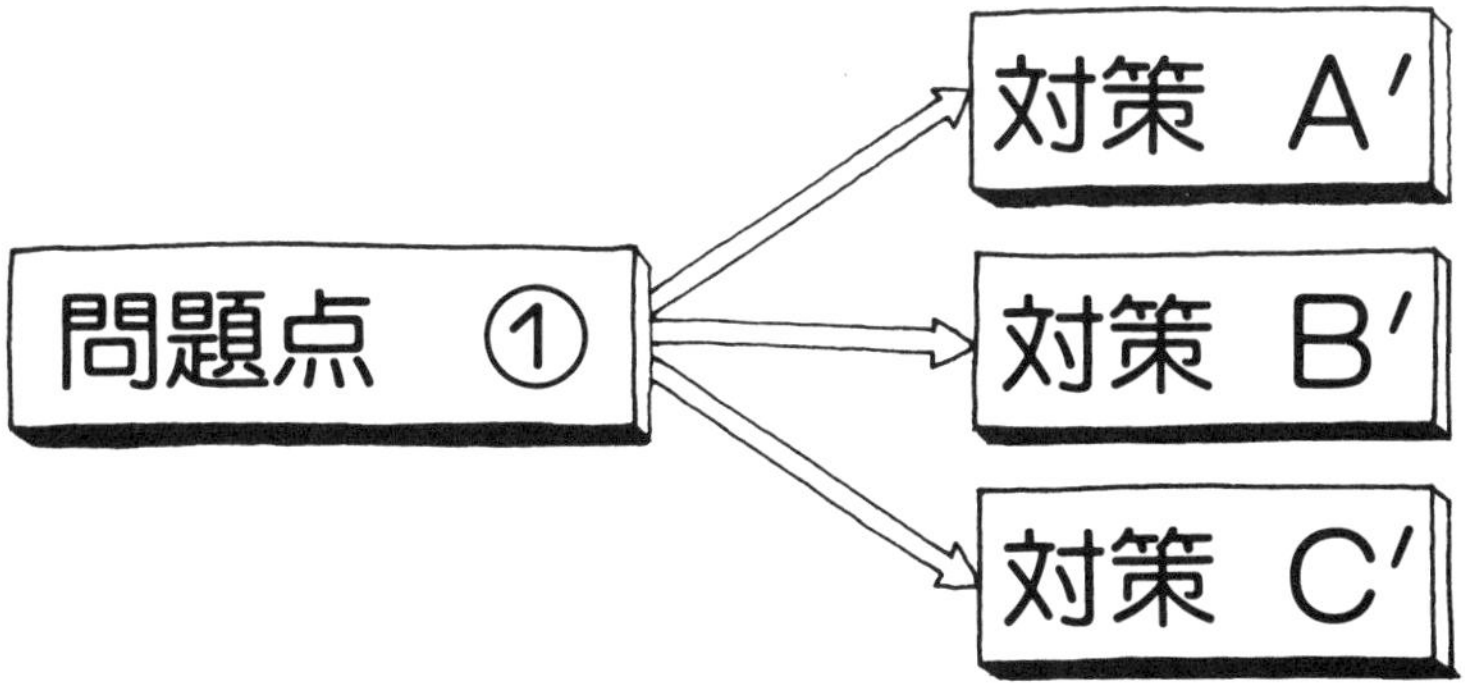
問題点　①
対策　A′
対策　B′
対策　C′

「A事業から撤退し、B事業へ進出する」

これらの戦略をとるならば、国内生産やA事業に対する戦術レベルの対策はあまり意味をなさず、必要なくなります。

したがって優先順位を決定する最終段階では、戦術間の優先順位と戦略間の優先順位を決定した後で全体としての優先順位を決定するのが望ましいといえます。

優先順位をつける場合、戦術・戦略とも緊急を要するものを最優先するのは当然ですが、次に重視すべきは一般的には戦術レベルでは有効度（効果の大きいもの）、戦略レベルでは重要度（長期に影響を与えるもの）です。

このようにして、複数の解決策に対して実施の優先順位をつけることを**意思決定**と言います。

[事例研究] 急激な円高！ 売上減少

P社は、年商一〇〇〇億円（前年度実績）の時計、事務機メーカーである。輸出比率は七〇％と高く、主要輸出国はアメリカ合衆国である。この業界では、近年技術革新による新製品開発競争が激化すると同時に、不況による需要の頭打ちに悩んでいる。そこで、社長は国際化の推進と新製品開発によって売上を伸ばそうという方針を打ち出している。

Q製品事業部では、今年度の全社の売上総額一一〇〇億円のうち三〇〇億円の売上を見込んでいる。事業部長はアメリカ市場で優位に立つためにはQ製品を多機能化する必要があると考え、かねてから開発に取り組んできたが、ようやくそのモデルが完成し、量産化も確立した。

Q製品の新型は、年度はじめより仕向け地アメリカへ輸出されるようになった。また、国内でも代理店を通じて小売店の店頭に並ぶようになった。国内外とも価格は一〇%上がったが、販売マージンは据え置きとした。

すべてが順調に進んでいるかにみえたが、年度途中で外国為替相場が急激な円高となり、円収入が減って、年度末にはQ製品事業部の売上はついに二〇〇億円に落ちてしまった。

今まで学んでいただいた問題解決のステップをこのケースにあてはめてみることにしましょう。エッセンスを簡潔に理解できるよう単純なケースにしてあります。（本格的なケース学習を希望される方は、本書の「あとがき」に紹介してある通信教育や自己啓発協会のセミナーを受講されるのがよいでしょう）。

事例のケースをQ製品事業部長の立場で問題形成し、それにもとづいて対策を立て意思決定してみてください。そして、次の二つの図解（二二四、二二五ページ）で示した私の解答と比べてみてください。図中の**＋－**はプラスの効果とマイナスの効果を意味します。**＋**のほうには問題点の番号を記入します。それらの問題点が解決できる効果があるという意味です。**－**のほうには、時間や費用などを文章で記入します。

なお、二二六〜二二九ページのフローチャートは読者の皆さんが実際に職場の問題を検討するときにご活用ください。「問題形成用」と「意思決定用」の二種類あります。記入の要領を同じフローチャートに示してあります。（このチャートは自己啓発協会に著作権がありますので、研修会等で使用する場合は事前に了解をお取りください。）

[問題形成チャート]

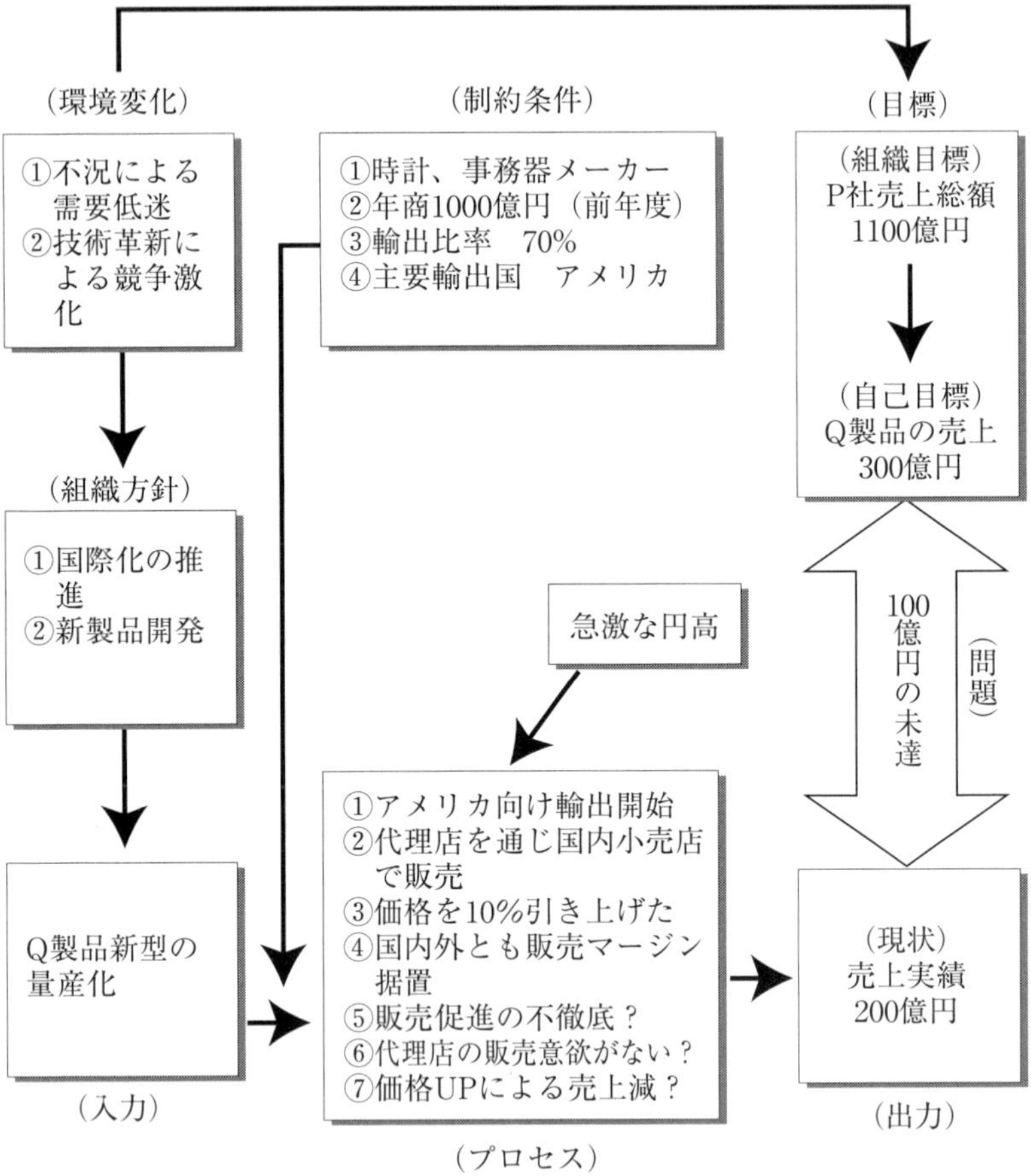

(注) プロセスの中で？マークのついたものはBBの推論である。

◉事例研究

［意思決定チャート］

売上100億円の未達	＝	売上目標300億円	－	売上実績200億円
（問題）		（目標）		（現状）

売上実績200億円	→	生産量の調整	Q製品の売上300億円	→	変更なし
（現状）		（当面策）	（現行目標）		（修正目標）

（権限内の問題点）

①価格を10%引き上げた
②販売マージン据置
③販売促進の不徹底？
④代理店の販売意欲がない？
⑤価格UPによる売上減？

→

（戦術レベルの根本策）

A案（1）輸出用の価格をさらに引き上げる（10～20%）		**B案（3）**国内の販売マージンを引き上げる		**C案（2）**販売促進の強化をはかる（国内）	
⊕ ①	⊖	⊕ ② ④	⊖	⊕ ③ ⑤	⊖

（権限外の問題点）

①輸出比率　70%
②主要輸出国アメリカ

→

（戦略レベルの根本策）

A案（2）輸出比率を減らす（70%→50%）		**B案（1）**欧州、カナダなどへの輸出を拡大する		**C案（　）**	
⊕ ①	⊖	⊕ ②	⊖	⊕	⊖

（注）戦術・戦略とも、組織方針に「国際化の推進」とあるので、優先順位は輸出の案を重視した。戦略のAとBは代替案である。

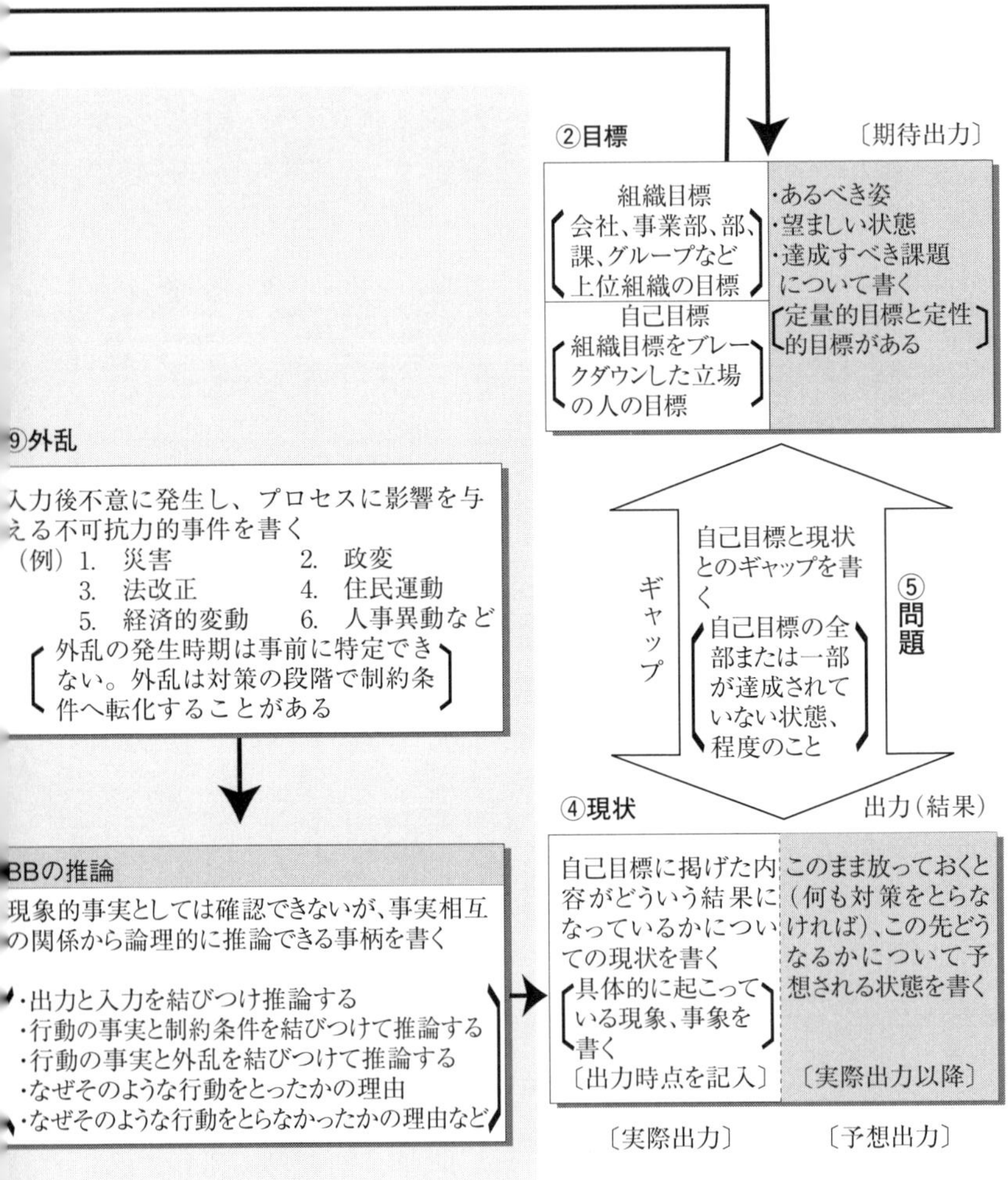
②目標
〔期待出力〕
組織目標
会社、事業部、部、課、グループなど上位組織の目標
自己目標
組織目標をブレークダウンした立場の人の目標
・あるべき姿
・望ましい状態
・達成すべき課題
について書く
定量的目標と定性的目標がある
⑨外乱
入力後不意に発生し、プロセスに影響を与える不可抗力的事件を書く
（例）1. 災害 2. 政変
3. 法改正 4. 住民運動
5. 経済的変動 6. 人事異動など
外乱の発生時期は事前に特定できない。外乱は対策の段階で制約条件へ転化することがある
ギャップ
自己目標と現状とのギャップを書く
自己目標の全部または一部が達成されていない状態、程度のこと
⑤問題
④現状
出力（結果）
BBの推論
現象的事実としては確認できないが、事実相互の関係から論理的に推論できる事柄を書く
・出力と入力を結びつけ推論する
・行動の事実と制約条件を結びつけて推論する
・行動の事実と外乱を結びつけて推論する
・なぜそのような行動をとったかの理由
・なぜそのような行動をとらなかったかの理由など
自己目標に掲げた内容がどういう結果になっているかについての現状を書く
具体的に起こっている現象、事象を書く
〔出力時点を記入〕
このまま放っておくと（何も対策をとらなければ）、この先どうなるかについて予想される状態を書く
〔実際出力以降〕
〔実際出力〕
〔予想出力〕

◉事例研究

〔問題形成用〕
記入要領

①環境変化 （事実前提）

組織を取り巻く外部環境の変化を書く
（例）1. 少子・高齢化
2. 情報化の進展
3. ニーズの多様化
4. ライフスタイルの変化
5. 自然環境への関心の高まり
［内部環境は、⑦制約条件として検討する］

③組織方針 （価値前提）

立場の人の上位組織の方針を書く
［方針は目標を達成するためのやり方、考え方、方法論を意味している］

⑥入力（手段）

立場の人が、自己目標を達成するために、自ら具体的に計画した手段、行動を書く
［入力の内容には、ヒト、モノ、カネ、情報などの経営資源が含まれる］
〔入力時点を記入〕

⑦制約条件

入力時点に存在する客観的事実で、立場の人が直接「取り除く」「緩和する」「変更する」ことができないもの、かつ入力とプロセスに影響を与える事実を列挙する。

（例）1. 組織特性・風土
2. 各種制度・ルール
3. 職務分掌・権限
4. 事業内容（製品、サービス）
5. 契約内容・取引条件
6. 関係者のプロフィールなど
［①環境変化と③組織方針が制約条件へ転化することがある］

⑧プロセス（活動）

行動の事実

入力から出力に至るまでに存在する事実で、情報として確認できた事柄を書く
［起きたこと、とった行動、行わなかったこと、間違った行動、不適切な行動などを時系列的に書く］

（原因）

⑦**根本策（戦術レベル）**

（　　）の中に実施の優先順位をつける

A案（　　）		B案（　　）		C案（　　）	
与えられた制約条件の下での対策 権限内の問題点（入力とプロセス）に対する対策（具体的に記述してください） ・問題点はすべていずれかの対策でクリアされていなければならない ・問題点１つに対して、対策が１つとは限らない ・複数の問題点が１つの対策を打つことにより、解決されることがある ・（　　　）の中へは、実施する際の優先順位をつける（どの案から順番に実行するか）					
⊕ この対策を打つことによって解決される問題点の番号を書く	⊖	⊕	⊖ この対策を打つことによって生じるマイナスの効果を書く（時間、費用、影響度など）	⊕	⊖

⑧**根本策（戦略レベル）**

A案（　　）		B案（　　）		C案（　　）	
制約条件そのものを動かす対策 権限外の問題点（制約条件と外乱）に対する対策（具体的に記述してください）					
⊕ この対策を打つことによって解決される問題点の番号を書く	⊖	⊕	⊖ この対策を打つことによって生じるマイナスの効果を書く（時間、費用、影響度など）	⊕	⊖

◉事例研究

〔意思決定用〕
記入要領

①現状（実際出力）

「問題形成用」チャートの実際出力をそのまま転記する

②当面策（応急処置）

現状に対する事後処理・応急処置・緊急避難など根本策をとるまでの一時的な対応。または状況把握のための情報収集について書く
（例）

＜現状＞	＜当面策＞
交通事故の発生	救急車を呼ぶ 警察に連絡する

③現行目標（自己目標）

「問題形成用」チャートの入力時における自己目標（ターゲット）を記入する

④修正目標

現行目標では不十分か、時間切れで達成不可能な場合にのみ新しく設定する

⑤問題点（権限内）

入力	「問題形成用」チャートの入力が問題点（今後手を打つべきと判断される原因）と考えられる場合に転記する
プロセス（行動の事実＋BBの推論）	「問題形成用」チャートのプロセス「行動の事実」と「BBの推論」の中から問題点（今後手を打つべきと判断される原因）を選び転記する ・「手を打つべき」とは「手の打てるもの」でかつ「手を打つ必要のあるもの」をいう ・入力とプロセスは連続して番号をつける ・プロセスの中の問題点であっても権限内で対応できないものは、それに関連のある制約条件または外乱を見つけ、⑥の権限外の問題点で検討する

⑥問題点（権限外）

制約条件＋外乱	「問題形成用」チャートの制約条件・外乱の中から、問題点（今後手を打つべきと判断される原因）を選び転記する （例１）制約条件を取り除く （例２）制約条件を緩和する （例３）制約条件を変更する 外乱は対策を立てるときには制約条件へ転化することがある（外乱は入力後に発生した追加の制約条件と言える）

あとがき

本書は、「問題解決入門」という標題でもおわかりのように、問題解決に関する入門書です。

私は先に『問題の構造学』（一九七七年）で、問題を構造的にとらえる方法論をはじめて世に問いましたが、難解との世評がありましたので、次に『問題構造学入門』（一九八四年）で、これをわかりやすく解説したつもりでした。

ところが、これでもまだ初心者にはむずかしいということになって、本書執筆のはめになったわけです。本書は、「問題構造化」の方法論をベースとして、問題の見つけ方、とらえ方、解決策のまとめ方まで問題解決に関する基本的な事柄には一通り触れてあり、「入門書」とはいえ中身は濃いといえるでしょう。

当世風に、イラストなどを挿入して理解を助けることにしましたが、はたしてどんなものでしょうか。問題解決というテーマは、日常的な事柄でもあり、その上手下手が人生を大きく左右することを考えると、真剣にスキルアップする必要があります。実力主義時代を迎えて、個人の自立が問われています。職業上必要とされるテクニカルスキルや対人関係に役立つヒューマンスキルとは別に状況判断を的確にするためのコンセプチュアルスキルの価値が増してきています。

本書が知恵を高めるための自己啓発のオリエンテーションになれば望外のよろこびです。

著者

最後に本書の理論を実践的に学習できる通信教育講座を紹介します。

［著者］
佐藤　允一（さとう　いんいち）
一橋大学社会学部・法学部卒。自己啓発協会会長。帝京大学名誉教授。
問題構造化理論（構造的洞察法）の創案者。世界に先駆けて1977年に発表された同理論は、現在SI法（Structured Insight Method）と呼ばれている。
〔著書〕
『問題の構造学』（ダイヤモンド社、1977年、絶版）、『問題構造学入門』（ダイヤモンド社、1984年）、『図解　問題解決入門』（ダイヤモンド社、1987年）、『実践経営学』（中央経済社、1994年）、他に訳書、共著、共訳多数。
〔ビデオ〕
『戦略思考による問題解決』基礎編4巻、事例編6巻（自己啓発協会）、『問題意識の活かし方』2巻（PHP研究所）
〔問い合わせ先〕
自己啓発協会　TEL：03-3818-9398　FAX：03-3818-9302　http://www.e-head.jp/
〒113-0033　東京都文京区本郷3-38-14　NEOSビル4F

新版［図解］問題解決入門
――問題の見つけ方と手の打ち方

2003年11月20日　第1刷発行
2025年7月7日　第23刷発行

著　者――佐藤　允一
発行所――ダイヤモンド社
〒150-8409　東京都渋谷区神宮前6-12-17
https://www.diamond.co.jp/
電話／03･5778･7233（編集）　03･5778･7240（販売）
装丁――――石澤　義裕
製作進行――ダイヤモンド・グラフィック社
DTP――――インタラクティブ
印刷――――堀内印刷所（本文）・加藤文明社（カバー）
製本――――ブックアート

ISBN 4-478-75006-8